Coolman et moi

Les deux pieds dans le porridge

L'auteur : Après des études d'histoire, d'économie et de littérature, **Rüdiger Bertram** devient journaliste indépendant et auteur. Il écrit surtout des nouvelles satiriques ainsi que des scénarios destinés au cinéma et à la télévision, pour laquelle il invente aussi des émissions. Il a publié plusieurs livres pour la jeunesse, qui ont remporté un vif succès.

L'illustrateur : Depuis l'enfance, **Heribert Schulmeyer** dessine avec passion. Après des études de graphisme et d'illustration à Cologne, il publie des bandes dessinées et illustre des livres pour enfants, très appréciés du public. Il a également collaboré à un célèbre programme télévisé pour enfants en Allemagne.

Illustrations intérieures et de couverture : Heribert Schulmeyer

Ouvrage publié originellement sous le titre *Coolman und ich. Rette sich, wer kann.*

Cet ouvrage a été proposé à l'éditeur français par l'agence
EDITIO DIALOG, Michael Wenzel, Lille.

Loi n°49-956 du 16 juillet 1949
sur les publications destinées à la jeunesse.
Dépôt légal : décembre 2013
ISBN : 978-2-7470-3940-6
Imprimé en Espagne

Bertram - Schulmeyer

Coolman et moi

Les deux pieds dans le porridge

Traduit de l'allemand
par Laurence Bouvard

bayard jeunesse

1

SOS ARTHUR EN DANGER

Imaginez un vieux canot de sauvetage rouge, en bois, avec dans la coque un trou gros comme le pouce. Ballotté par la mer démontée, il dérive sur la Manche, quelque part entre l'Angleterre et la France.

Vous voyez le tableau ?

Bien.

Une nuée de mouettes plane autour de l'embarcation. Tels des vautours, elles guettent avidement le pauvre garçon blême, coiffé d'un étrange chapeau et recroquevillé au fond du canot qui prend l'eau. Il murmure faiblement : « Au secours ! » Comme si quelqu'un pouvait l'entendre...

C'est bon, vous visualisez ?

Parfait. Alors vous savez à quoi je ressemble, parce que ce naufragé, c'est moi. Je m'appelle Arthur et le rêve des mouettes qui volent au-dessus de ma tête va bientôt être exaucé : je vais mourir !

Vous avez déjà eu le mal de mer ? Pas la petite nausée qu'on peut avoir quand on fait une promenade en bateau après un repas un peu trop copieux. Non, le *vrai* mal de mer. Si vous ne l'avez jamais eu, vous ne pouvez pas savoir de quoi je parle. Être malade en mer, c'est comme avoir en même temps la diarrhée, la rougeole, la varicelle, la grippe aviaire, de l'acné, la peste bubonique et une intoxication alimentaire !

Mais ce n'est pas le pire.

Le pire, c'est que je ne suis pas seul dans cette galère... Un individu avec une cape et un masque sur les yeux se tient à la proue, face à la tempête. Il chante à tue-tête des chansons de marins.

Vous le connaissez ? Ça m'étonnerait, personne ne peut le voir... Sauf moi. Coolman m'accompagne depuis que j'ai quatre ans, et je ferais n'importe quoi pour m'en débarrasser. J'ai tout essayé. Tout. Mais il est encore et toujours là ! Coolman fait partie de moi, je n'y peux rien.

Trois raisons pour lesquelles il serait absurde de vouloir allumer un feu :

1) La mer est beaucoup trop agitée pour que le bois brûle.

2) L'eau qui entre par le trou de la coque éteindrait les flammes.

3) De toute façon, sur le ferry, tout le monde est déjà au courant que je suis tombé à la mer.

La preuve, ce sont eux qui ont mis à l'eau cette coquille de noix trouée, soi-disant pour m'éviter la noyade, le temps qu'ils manœuvrent leur géant des mers afin de me repêcher, une opération manifestement plus longue et délicate que de demander à un morse de faire un looping dans une baignoire...

Du coup, ça me laisse le temps de vous expliquer comment j'ai atterri dans ce canot, et pourquoi je porte le couvre-chef du célèbre amiral britannique Horatio Nelson. Autant vous prévenir tout de suite, Coolman n'est pas tout à fait étranger à cette histoire. Tiens donc !

D'abord, un petit retour en arrière s'impose. Il y a deux semaines, j'étais tranquillement assis à l'arrière de la voiture de mes parents.

Vous me suivez ?

Parfait, alors je me dépêche avant que le canot de sauvetage coule, ou que je doive m'arrêter de parler pour vomir.

DEUX SEMAINES PLUS TÔT.

– Tu vas adorer Londres, j'en suis sûre !

Ma mère se retourne vers moi et m'adresse son sourire le plus éclatant. Elle fait ça très bien. Normal, elle est comédienne ; mon père aussi est acteur de théâtre. Du coup, on ne sait jamais trop s'ils sont sincères ou s'ils jouent un rôle. Par exemple, est-ce qu'ils sont contents qu'on parte en Angleterre parce que c'est indispensable pour notre avenir qu'on parle plusieurs langues, ou parce qu'ils vont avoir la paix pendant quinze jours ? On est en route vers le parking où attend le car qui nous conduira au ferry, puis jusqu'à Londres où je dois passer deux semaines de vacances dans une famille anglaise.

Si je suis là, c'est à cause de Coolman.

Quand ma vieille prof d'anglais a déclaré que mon anglais était *awful*, Coolman a prétendu que ça signifiait :

Fantastique.

Remarquable.

Extraordinaire.

N'importe quoi !

Mais à l'époque, je l'ai cru et, du coup, j'ai dormi en cours pendant le reste de l'année scolaire. Grosse erreur. Depuis le temps, je devrais savoir qu'il ne faut jamais écouter Coolman...

Ce n'est que quand j'ai découvert mon cinq de moyenne en anglais que j'ai cherché le mot « awful » dans le dictionnaire. Et là, le choc :

Awful (adj.) : Effrayant, épouvantable, affreux.

Rien à voir avec fantastique, remarquable ou extraordinaire !

Seule consolation, les notes d'anglais d'Anti, ma grande sœur, sont aussi nulles que les miennes, et mes parents l'ont obligée à partir aussi. Au moins, je ne voyagerai pas tout seul.

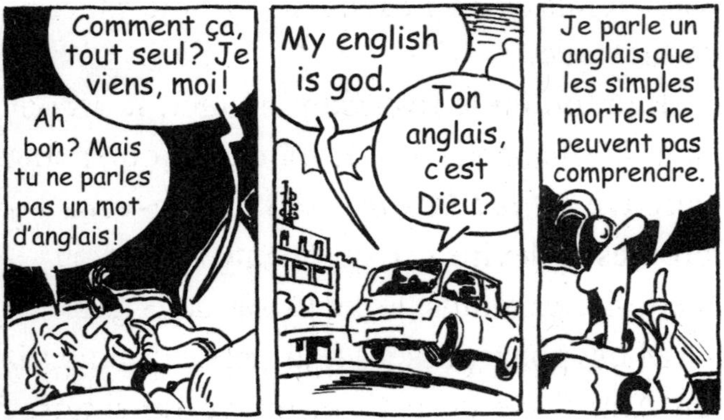

Je pousse un grand soupir. Anti, assise près de moi, ne sait pas que je m'adresse à Coolman et tente de me réconforter :

– T'inquiète, ça va être top, l'Angleterre ! Ici, il fait horriblement beau tout l'été, là-bas au moins, c'est ciel gris et déprime assurés : génial !

En vrai, Anti s'appelle Antigone. Mais elle n'aime pas son prénom, alors elle s'est rebaptisée Anti et, franchement, ça lui va beaucoup mieux.

Elle se retourne vers la fenêtre, met son casque et pousse le volume à fond. Le rideau formé devant son visage par ses longs cheveux teints en noir oscille au rythme exact de la musique.

Rien qu'en le regardant bouger, je reconnais la chanson ! Ils devraient rajouter une épreuve à *Fort Boyard* : « Bouchez-vous les oreilles et devinez ce qu'écoute votre sœur. » Celle-là, au moins, je serais sûr de la gagner !

Mais pour passer à la télé, il faudrait qu'Anti fasse un petit effort vestimentaire : elle ne s'habille qu'en noir, et avec sa chevelure aile de corbeau, ça ne passerait pas sur un plateau. Ce serait un peu comme si Dark Vador présentait la météo !

On passe devant *La Dernière Demeure*, la maison de retraite où habite Rodolphe Schmitz.

Zut, j'ai oublié de lui dire au revoir !

– Stop ! Arrête-toi, papa !

Mon père écrase la pédale de frein, persuadé que j'ai oublié mon passeport ou l'un des huit paquets de biscuits que ma mère m'a achetés parce que, selon elle, au petit déjeuner, les Anglais remplacent les tartines par de la bouillie au goût de carton.

Rodolphe Schmitz, c'est l'un de mes amis. Ça a mal commencé entre nous : il m'a pris pour un pickpocket ! Mais c'est une autre histoire. J'actionne la poignée de la voiture en passant ma main par la fenêtre ouverte. On ne peut pas ouvrir de l'intérieur : mes parents estiment que rouler avec un garçon de douze ans à bord sans verrouiller la sécurité enfants serait une forme de non-assistance à personne en danger.

Je n'ai pas envie d'argumenter avec Coolman, de toute façon, ça ne sert à rien. Je lui ouvre la portière pour qu'il puisse descendre. Anti me dévisage derrière ses cheveux comme si j'étais devenu fou. Elle n'est pas au courant de l'existence de Coolman. Quant à mes parents, ils ignorent qu'il me poursuit toujours. C'est mieux. S'ils savaient, je risquerais de passer mes vacances non pas en Angleterre, mais à l'hôpital psychiatrique !

Je leur crie :

– Rendez-vous au car !

Et je fonce vers la maison de retraite.

J'ai du temps devant moi. Les jours de départ, ma mère a tellement peur de ne pas être à l'heure qu'elle prévoit toujours une énorme marge de sécurité. D'ailleurs, si on l'avait écoutée, on aurait planté la tente sur le parking de l'école dès hier soir ! Je traverse la pelouse en courant et j'enjambe une fenêtre du couloir de la résidence. Traverser le hall d'entrée serait bien trop dangereux : il est rempli de crocodiles à l'affût d'une proie ! Pas des vrais, bien sûr, des vieilles dames aux cheveux blancs qui, peut-être parce qu'elles ont la peau craquelée comme celle de ces redoutables prédateurs, ont adopté leurs méthodes de chasse sournoises : elles font semblant de somnoler dans leurs fauteuils, mais dès qu'un visiteur innocent les approche, elles l'agrippent et le couvrent de câlins baveux jusqu'à ce qu'un membre du personnel daigne le délivrer de leurs bras noueux. J'ai déjà vécu cette épreuve. Une fois, ça m'a suffi...

Depuis, j'emprunte la fenêtre du couloir ; au fil de mes visites, un sentier s'est même formé dans l'herbe. Je frappe à la porte de la chambre 815, celle de Rodolphe Schmitz.

Elle s'ouvre aussitôt.

– Hé ! Salut, p'tit gars ! Ça me fait plaisir de te voir !

Rodolphe Schmitz est un ancien marin. Il a plein de tatouages. Comme moi, il est poursuivi par un superhéros invisible, Super-Willy, que Coolman n'apprécie pas tellement.

Rodolphe Schmitz est le seul à comprendre ce que j'endure avec Coolman. Il va me manquer, en Angleterre. Je parle de Rodolphe Schmitz, pas de Coolman.

– Je suis venu vous dire au revoir. Je pars à Londres pour deux semaines.

– C'est vrai ? Ça tombe à pic ! J'ai un message à te confier. Attends-moi, j'en ai pour une seconde.

Il se précipite sur son bloc-notes, griffonne quelques lignes, glisse la feuille dans une enveloppe qu'il asperge de quelques gouttes d'eau de Cologne, avant de la sceller avec de la salive.

– Et voilà le travail ! lance-t-il, en écrivant le nom du destinataire. Peux-tu donner cette missive en mains propres à la reine ?

Je le contemple, médusé, comme s'il me demandait de livrer une carte postale au yéti dans l'Himalaya.

Je bredouille :

– À... À qui ?

– À la reine d'Angleterre. Tu ne serais pas un peu dur de la feuille, mon garçon ? Sa Majesté habite Londres, tu es au courant ?...

J'ai bien peur que remettre un pli à la reine en personne soit un peu compliqué...

– Pourquoi vous ne lui envoyez pas par La Poste ?

– Hors de question ! Les officiers de sécurité l'intercepteraient. Il faut la lui remettre directement, c'est plus sûr.

– Mais vous ne la connaissez pas, la reine d'Angleterre !

– Crois-tu ? murmure-t-il avec un petit sourire nostalgique.

Il sort un vieux cliché jauni d'un tiroir : la photo est prise dans un port, un marin se tient près d'une jeune fille vêtue d'une robe à l'ancienne mode.

– Nous nous sommes rencontrés en Australie, explique-t-il. Mon bateau était à l'ancre ; elle, elle effectuait une visite officielle. Hélas ! nous n'avons pas obtenu la permission de nous marier...

Je ne sais pas si je dois le croire. La dame sur la photo ne ressemble pas du tout à une princesse. Cela dit, les princesses à la une des magazines people, dont raffole maman, ne portent ni robes roses ni couronnes. Elles sont comme vous et moi, enfin façon de parler...

– Tu me promets de lui remettre cette lettre, fiston ? implore Rodolphe Schmitz.

Ai-je vraiment le choix ?

Quand Coolman a une idée en tête, il n'en démord pas. Par ailleurs, Rodolphe Schmitz attend ma réponse avec un air de chien battu...

D'un geste solennel, je tends la main, et déclare d'une voix ferme :

– Promis !

Si je me suis laissé attendrir par son histoire, c'est peut-être parce qu'elle me rappelle celle que j'ai vécue avec Léna. Léna est dans ma classe, on a été en couple pendant quelque temps et...

Oui, mais ce furent les cinq minutes les plus intenses de toute ma vie! Même si, dans ces cinq minutes, j'en ai passé quatre à attendre qu'elle revienne des toilettes. Depuis, je sais ce que ça fait d'avoir le cœur brisé.

Ça fait mal...
Très mal.

2

LONDRES, ENFIN PRESQUE...

Une demi-heure plus tard, je débarque sur le parking de l'école, la lettre de Rodolphe Schmitz au fond de ma poche. Anti, déjà installée dans le car, écoute de la musique. Le rideau chevelu vibre devant son visage.

Papa et maman bavardent avec les autres parents sur le parking. Ils n'ont pas l'air tellement désespérés à la perspective de vivre quinze jours sans nous...

Soudain, quelqu'un m'attrape par-derrière et m'envoie une bourrade dans l'épaule.

– Salut, mec ! Quelle surprise, hein ?

– On va s'éclater comme des petits fous !

Pas besoin de me retourner pour savoir à qui appartiennent ces deux voix : ce sont celles d'Alex et de Justin.

Trois raisons pour lesquelles je trouvais l'idée d'un voyage linguistique à Londres plutôt bonne :

1) Je pensais être débarrassé de Coolman pour deux semaines.

2) Je pensais être débarrassé d'Alex et de Justin pour deux semaines.

3) Je pensais que débarrasser le plancher pour deux semaines me permettrait à mon retour de reconquérir Léna, à qui j'aurais sûrement beaucoup manqué.

Bon, j'ai déjà tout faux sur les deux premiers points, apparemment.

Prenez le QI d'une moule, divisez-le par quinze, et vous obtiendrez celui d'Alex et Justin réunis.

Quand je suis arrivé dans cette ville, je ne connaissais personne ; croyant bien faire, Anti les a forcés à devenir mes amis. Elle ne pouvait pas savoir à quel point ils étaient bêtes... Depuis ce jour, ils me collent aux baskets. Ils savent qu'Anti est ceinture noire de karaté. En vrai, pas seulement parce qu'elle adore le noir...

Tout fiers d'eux, Alex et Justin m'expliquent qu'ils ont bénéficié d'une bourse réservée aux élèves en difficulté pour financer leur séjour en Angleterre.

Je me précipite vers mes parents. Dieu merci, maman renonce à la grande scène des adieux devant tout le monde. En tant que comédienne professionnelle, elle ne rate pourtant jamais une occasion de faire son numéro, d'habitude. Papa me serre la main et ébouriffe mes cheveux : un au revoir parfait.

Je monte dans l'autocar alors qu'Alex et Justin délogent les deux garçons qui se sont imprudemment assis au dernier rang.

– Par ici ! me crie Alex.

– On te garde une place au fond, mec ! Pour lancer des boulettes en papier, y a pas mieux ! renchérit Justin en brandissant une petite sarbacane.

Anti a posé son sac à dos sur le siège d'à côté, signe qu'elle ne veut personne près d'elle. Je me résigne donc à rejoindre Alex et Justin. Soudain, une limousine débouche sur le parking et pile devant le car dans un crissement de pneus. C'est la voiture du maire. Que c'est aimable à lui de venir saluer en personne les jeunes de sa commune qui partent en voyage linguistique à Londres !

Erreur : il ne vient pas nous dire au revoir. En fait, il ne sort même pas de son véhicule. Il est venu accompagner sa fille. Je ne savais pas qu'elle était du voyage ! Du coup, le troisième point de ma liste des « Pourquoi je trouvais cette idée de voyage linguistique à Londres plutôt bonne » tombe à l'eau, lui aussi...

Pas de panique, Léna ne peut pas entendre Coolman. Et puis d'abord, jamais elle ne s'assiérait près de moi, même si c'était la dernière place sur terre. Elle préférerait voyager debout. Entre nous, c'est fini. Fini à tout jamais. Pour l'éternité. Et même au-delà...

Sans daigner me jeter le moindre regard, elle s'installe deux rangs devant moi. Génial : je vais pouvoir m'extasier sur sa queue de cheval pendant tout le trajet...

Alex me tire de mes sombres pensées.

– Tu es déjà allé à Londres, toi ?

Il est en train de gratter un vieux chewing-gum sur le fauteuil devant lui. Il ne va tout de même pas... Eh si ! Il le met dans sa bouche et le mâche vigoureusement pour lui redonner du moelleux.

– J'ai trop hâte de voir King Kong escalader les gratte-ciel, marmonne-t-il en ruminant.

– Et la statue de la Liberté ! ajoute Justin. Tu crois que c'est sa lanterne qui éclaire la ville, le soir ?

Je décide qu'il est temps d'éclairer la leur, de lanterne ! Avec le plus de délicatesse possible, j'explique :

– Je ne voudrais pas gâcher votre joie, les amis, mais je crois que vous vous trompez... D'abord, la statue de la Liberté tient un flambeau, pas une lanterne. Ensuite, on va à Londres et la statue de la Liberté, elle, est à New York. En Amérique...

– Sérieux ? s'exclame Justin, la mine défaite.

– Et y'a quoi alors, à Londres ? demande Alex, pour qui la destination du voyage n'a au final pas tellement d'importance.

– Eh bien, Big Ben, par exemple...

– Big Ben ? Le basketteur ?

– Faut absolument qu'on aille le voir, ce mec est une star ! s'enthousiasme Justin.

C'est sans espoir.

Je ne prends pas la peine de répondre. D'ailleurs, le chauffeur vient de mettre de la musique. Il a installé une boîte à l'avant du car pour qu'on y dépose nos CD favoris. On les écoute pendant le voyage. J'en ai laissé un, une compilation de mes chansons préférées, que j'ai gravé moi-même.

Je tourne la tête vers la fenêtre et me concentre sur le paysage qui défile. Ce n'est pas passionnant, mais c'est toujours mieux que de contempler la queue de cheval de Léna. Mauvaise nouvelle : Alex et Justin s'ennuient aussi.

Ils décident de jouer à la bataille navale. En *live*.

Alex fait comme s'il avait une longue-vue devant les yeux et aboie des ordres à son lance-torpilles :

– À vos postes ! Navire ennemi repéré au troisième rang à droite, siège de gauche. FEU !

Justin sort de son sac sa petite sarbacane et la charge avec des boulettes de papier mâché qu'il propulse à travers le car.

– Coulé ! Félicitations ! crie Alex chaque fois que Justin atteint la cible.

Heureusement, celui-ci rate la plupart de ses tirs. Je me détourne et ignore les deux apprentis militaires qui se déchaînent à côté de moi.

Le CD s'achève alors que les cent premiers kilomètres sont derrière nous ; aussitôt le chauffeur en met un autre, que je reconnais dès les premières mesures : c'est le mien !

Mais quelque chose cloche.

C'est... c'est la CATA ! La Crise Atroce Tragique et Accablante !

Les haut-parleurs diffusent la voix d'un garçon qui s'accompagne à la guitare. Il chante une chanson de sa composition. Une chanson que je connais bien.

Trop bien...

Notre amour est allé droit au but
Car il n'a duré que cinq minutes,
Mes sentiments pour toi sont si forts,
Que j'ai le cœur mou, comme du roquefort.
Léna, je t'en supplie à genoux,

Même si j'ai mal à cause des cailloux,
Laisse-moi regagner ta confiance,
Oui, redonne-nous une seconde chance !

Ouf! Pour l'instant, personne n'a l'air d'avoir reconnu ma voix. J'ai composé ce texte juste après ma rupture avec Léna; je l'ai enregistré avec le micro de mon ordinateur, puis je l'ai sauvegardé sur le disque dur. J'ai dû faire une fausse manipulation car cette chanson n'aurait jamais dû se retrouver sur ce CD... Pas de panique, la situation est grave, mais tant que personne n'a identifié le chanteur, elle n'est pas désespérée.

– Mais dis donc, c'est pas toi qui chantes ?

La voix d'Alex résonne si fort que tous les passagers du car se retournent. Justin enfonce le clou et me désigne avec ses deux index.

– Ouais, c'est lui ! C'est Arthur, notre pote, qui chante ! Trop marrant !

On dirait bien que la chanson leur plaît, mais est-ce que c'est vraiment une bonne nouvelle ?

Tout le monde me dévisage, hilare. Même Léna me gratifie d'un rapide coup d'œil. Anti et elle sont les seules à ne pas être mortes de rire. Léna a l'air furieuse ; quant à ma sœur, avec ses écouteurs vissés aux oreilles, elle n'a rien entendu.

Il est clair qu'à partir de cet instant, et pour le restant du séjour, je serai le gentil crétin qui écrit des chansons d'amour à l'eau de rose ! Un vrai bonheur...

J'enfouis ma tête dans mon blouson, comme si je voulais dormir, ce qui serait, en réalité, impossible, compte tenu du volume sonore généré par les rires de mes camarades.

Coolman dit ça pour que je sorte de ma cachette. Mais je ne suis pas idiot : je n'ai pas envie de mourir de honte, je resterai donc à l'abri de mon blouson jusqu'à ce que les rires se calment.

Heureusement, ma montre rétro-éclairée me permet de voir l'heure dans l'obscurité. Une demi-heure s'écoule avant que les moqueries cessent. Je décide de jouer la carte de la sécurité et d'attendre un quart d'heure de plus, mais je finis par m'endormir pour de bon. Je rêve que Coolman devient célèbre grâce à ma chanson, qui passe en boucle sur toutes les radios. Il donne des concerts à guichets fermés. Dès qu'il apparaît sur scène, les filles poussent des hurlements hystériques et lui jettent des fleurs et des peluches. Quant à moi, je suis son assistant, je m'occupe de ses costumes et je suis chargé de vérifier qu'un plateau composé de dix cheeseburgers est toujours à disposition dans sa loge. Un vrai cauchemar, surtout que Coolman dévore tous les sandwichs sans même m'en laisser une bouchée !

L'appel à l'aide de Coolman me tire du sommeil. Je lève la tête et la replonge aussitôt dans mon blouson.

Vous savez ce qu'on ressent quand on enchaîne un cauchemar après l'autre ? En plus, cette fois, ce n'est pas un rêve, mais la réalité. Ce que je viens de voir peut nous être fatal...

Notre car roule du mauvais côté de la chaussée ! Il fonce sur la file de gauche, sûrement parce que le chauffeur s'est endormi ou vient d'avoir une attaque. Son pied droit doit coincer la pédale d'accélérateur, et le véhicule roule à tombeau ouvert sur l'autoroute, comme un canard sans tête.

Personne n'a rien remarqué. Alex et Justin ronflent comme des sonneurs ; les autres somnolent, écoutent de la musique ou jouent aux cartes.

Coolman a raison, mon devoir est de sauver les passagers de la catastrophe. Si j'y arrive, les autres seront tellement reconnaissants et admiratifs qu'ils oublieront cette désastreuse histoire de chanson.

Je bondis de mon siège et remonte l'allée centrale en direction du chauffeur, le plus discrètement possible pour ne pas créer un mouvement de panique. Ma mission n'est pas simple, je dois absolument remettre le car sur la bonne file et éviter l'accident. Pour une fois, évènement rarissime, je suis soulagé de sentir Coolman à mes côtés. Courage, plus que trois mètres et je serai au niveau du conducteur. De dos, il a l'air tout à fait normal, sûrement à cause de sa ceinture de sécurité qui l'empêche de s'écrouler sur le volant. Plus que deux mètres...

Une main agrippe mon T-shirt.

Ce n'est pas une pieuvre qui m'a attrapé, c'est Anti.

– Où tu vas ? me demande-t-elle.

Je lui crie :

– Lâche-moi ! On va tous mourir !

Évidemment, mes mots déclenchent un vent de panique. Je n'y suis pour rien, Anti n'aurait pas dû me retenir.

– Qu'est-ce que tu racontes ? s'exclame-t-elle.

Ma pauvre sœur ne se doute pas une seconde du danger mortel qui nous menace.

– Le chauffeur est dans le coma. On roule du mauvais côté de la route !

Anti pousse un grand soupir et me contemple avec indulgence.

– On est en Angleterre, gros bêta. Ici, on roule à gauche. T'es pas au courant ?

– Mais... Mais...

Tant de pensées se bousculent dans ma tête que je n'arrive plus à formuler de phrases cohérentes.

– Tu n'as même pas ouvert l'œil quand le car a embarqué sur le ferry pour traverser la Manche ! Tu devais être vraiment crevé parce que tu as dormi tout le long ! Personne n'a osé te réveiller, précise-t-elle.

Abattu et honteux, je regagne ma place. À partir de cet instant, et pour le restant du séjour, je serai non seulement le gentil crétin qui écrit des chansons d'amour à l'eau de rose, MAIS AUSSI le grand spécialiste du sauvetage inutile d'autocar...

Tout le monde rit aux éclats. Remarquez, si j'étais à leur place, je ferais pareil. Léna est la seule à ne pas partager l'hilarité générale. Elle me dévisage avec compassion, ce qui est presque pire.

Je me cache de nouveau dans mon blouson et décide d'y rester jusqu'à ce qu'on arrive.

On atteint Londres bien plus vite que je ne m'y attendais.

Notre car s'arrête dans un quartier qui compte une cinquantaine de maisons, tout au plus. À l'exception d'un petit château en haut d'une colline, qui, j'en mettrais ma main à couper, n'est pas Buckingham Palace, il n'y a que des champs, des prairies et des bois. À perte de vue.

– Dis donc, c'est tout petit, Londres, marmonne Justin, en posant le pied sur une route non bitumée.

– C'est pas comme ça que j'imaginais, mais l'avantage, c'est qu'on aura moins de mal à trouver l'adresse du fameux Big Ben, ajoute Alex.

Anti est la première à poser à voix haute la question qui brûle les lèvres de tout le monde, sauf celles d'Alex et Justin :

– On est où, là ?

– Dans la banlieue de Londres, répond l'accompagnateur. Ici, ce sera beaucoup plus tranquille pour vous. Et puis, la City est très proche...

Il désigne un panneau bleu marqué « London 5 miles ».

Cinq miles, ça fait environ huit kilomètres. Effectivement, ce n'est pas très très loin.

Personne n'est là pour nous accueillir. Assis sur nos valises, on attend au bord de la route poussiéreuse que les familles anglaises viennent nous chercher.

Pour l'instant, pas un chat.

Le village semble mort, comme si ses habitants l'avaient abandonné depuis des années. Peut-être qu'une centrale atomique a pris feu dans le coin cette nuit, pendant qu'on dormait dans le car, et que tout le monde a été évacué ?

– Ne vous inquiétez pas, les enfants, vos familles vont arriver, annonce l'accompagnateur, l'œil sur sa montre, d'une voix qu'il veut réconfortante.

N'ayant rien de mieux à faire, je me dégourdis les jambes autour du panneau «London 5 miles». C'est drôle, j'ai l'impression qu'il y a un hic. Je me rapproche : quelqu'un a barbouillé de peinture bleue le zéro qui se trouve après le cinq !

3

HOME, SWEET HOME !

Enfin, nos familles anglaises arrivent petit à petit. Malheureusement, on ne comprend rien à ce qu'elles nous disent car leur langue n'a rien à voir avec l'anglais qu'on a appris à l'école. Ici, les gens parlent comme s'ils aboyaient. D'ailleurs, nombreux sont ceux qui affichent la même expression qu'un chien à qui on viendrait de voler son os.

Sourire n'a pas l'air très à la mode dans la région. En y réfléchissant bien, ces villageois sont peut-être opprimés par le châtelain qui habite là-haut sur la colline. Comme les hommes de main de Robin des Bois, un Anglais lui aussi.

Même notre accompagnateur a du mal à les comprendre. Il met beaucoup de temps à nous répartir dans nos foyers d'accueil. Lorsque enfin il pointe un nom sur sa liste, le malheureux suit sa famille en traînant les pieds, tête baissée, comme s'il venait d'être vendu sur le marché aux esclaves.

Bientôt, il ne reste plus que Léna, Alex, Justin et moi. Anti est partie depuis une demi-heure.

– Je vais faire un tour! a-t-elle annoncé avant de disparaître.

Je parie qu'elle est en train de chercher l'arrêt de bus où se donnent rendez-vous les jeunes du coin pour se rouler des cigarettes ou boire de la bière. Ce genre d'endroit existe partout dans le monde. Même dans les hameaux les plus reculés, même au fin fond de l'Afrique, même au pôle Nord, où les attelages de chiens de traîneau doivent remplacer les bus. Bien emmitouflés dans leurs vestes en peau de phoque, les adolescents eskimo font circuler la bouteille d'huile de foie de morue en attendant que la nuit tombe, afin d'être tranquilles pour tagger les igloos. Enfin, c'est comme ça que j'imagine.

Léna est assise sur sa valise. Elle boude. Pas à cause de moi. Enfin si, un peu, à cause de ma chanson, mais surtout à cause de la tournure qu'ont pris les choses. Tout à l'heure, elle a sorti nos documents de voyage, sur lesquels est écrit noir sur blanc qu'on sera logés à moins de cinq minutes de Londres. Elle l'a mis sous le nez du responsable, qui a répondu par un petit sourire navré et lui a montré un paragraphe imprimé en tout petit, au dos de la feuille, sur lequel il est précisé qu'il s'agit de cinq minutes à vol d'oiseau !

Les seuls qui n'ont pas compris la gravité de la situation sont Alex et Justin, qui se disputent au sujet d'une question existentielle : y a-t-il un fast-food à Londres ?

– Ouvre les yeux, mec, y'a rien dans ce trou, pas même un kebab ! s'exclame Alex.

– Faut bien qu'ils mangent, les Londrésiens ! Sans burgers ni kebabs, ils crèveraient de faim ! réplique Justin.

– C'est peut-être pour ça qu'ils font la tête : ils ont la dalle !

– Ouais, c'est possible. Heureusement qu'il me reste un peu de mon pique-nique..., soupire Justin en fouillant dans son sac.

Il en sort un demi-kebab emballé dans un sachet en plastique.

Avant que je puisse leur expliquer que :

1) nous ne sommes pas à Londres ;

2) les habitants de Londres ne s'appellent pas les Londrésiens, mais les Londoniens ;

3) on peut survivre sans manger de hamburgers, ni de kebabs ;

une Rolls-Royce remonte la rue du village et s'arrête juste devant notre groupe.

Une porte s'ouvre, et le chauffeur, un monsieur âgé vêtu d'un costume noir et de gants blancs, s'extirpe avec peine du véhicule.

Il ressemble à Nestor, le majordome du capitaine Haddock, dans les aventures de Tintin que mon père relit au moins une fois par an. Il contourne la voiture, ce qui lui prend un certain temps, pas uniquement parce qu'il est ralenti par ses rhumatismes, mais surtout parce que le véhicule est immense. Enfin, il ouvre la porte arrière et annonce d'une voix de stentor :

– *Our Lordship, the Earl of Sherwood-Wellington, Duke of South-North-Indian and the Islands of Nocash*[1].

Le jeune lord, un garçon à peine plus âgé que moi, descend de voiture. En nous apercevant, il fronce les sourcils et secoue la tête, peut-être parce qu'on ne s'est pas jetés à plat ventre devant lui ?

Ce type m'est aussitôt antipathique, et je ressens une envie irrésistible de crier : « À bas la noblesse, vive la démocratie ! » Je renonce au coup d'éclat : pas envie de passer des heures à expliquer à Alex et à Justin ce qu'est une démocratie.

1. Traduction : « Son excellence, le comte de Sherwood-Wellington, duc des Indes méridionales et septentrionales et des îles de Nocash. »

Le noble en question nous jette un regard méprisant, puis se tourne vers Léna.

– Léna, je présume ? demande-t-il élégamment, avec à peine un léger accent anglais. Mille excuses pour ce retard impardonnable. Je suis enchanté de faire ta connaissance.

Il lui prend la main et y dépose un rapide baiser. Alex et Justin éclatent de rire, je me mords les lèvres pour ne pas en faire autant.

– Moi de même, souffle Léna, toute rouge.

Elle esquisse une révérence et me jette un

regard furieux, parce que je n'arrive plus à retenir mes gloussements.

– Appelle-moi Charles, continue son excellence en ignorant notre hilarité.

Il entraîne Léna vers la Rolls-Royce. Le vieux majordome, qui a déjà mis sa valise dans le coffre, lui tient la porte. Comme si elle n'était pas capable de l'ouvrir elle-même ! Elle monte dans la voiture sans se retourner. Sa Majesté embarque derrière elle, et Nestor pousse la portière qui se referme en douceur, sans le moindre claquement.

– Les cours commencent demain matin à neuf heures ! leur crie l'accompagnateur tandis que la Rolls s'éloigne en trombe.

Ce qui est sûr, c'est que Léna a gagné le gros lot ! Ce n'est pas que je sois jaloux ou envieux,

mais je ne serais pas fâché si, cette nuit, un fantôme rendait visite au comte Charles et à Léna !

Pas un spectre sanguinaire bien sûr, mais un chevalier sans tête, qui leur donnerait quelques sueurs froides et leur rappellerait que certains malheureux ne sont pas aussi privilégiés qu'eux sur cette terre ! Certains malheureux, comme Alex, Justin et moi, par exemple.

On ne sait toujours pas où on va dormir cette nuit, et notre accompagnateur n'en peut plus d'attendre. Il me remet un bout de papier et monte dans l'autocar, où le chauffeur ronge son frein depuis un quart d'heure en donnant des coups de klaxon impatients.

– Désolé, je dois y aller. Présentez-vous à cette adresse. Ils sont prévenus ! lance l'organisateur.

– Vous ne restez pas avec nous ?

C'est curieux, la perspective de me retrouver seul ici, avec Alex et Justin, ne m'emballe pas vraiment.

– Moi ? grince-t-il. Certainement pas ! Je file à Londres et je reviens vous chercher dans quinze jours pour...

La fin de sa phrase est étouffée par les portes du car qui se referment en crissant. Le chauffeur démarre dans un nuage de poussière. Quand celui-ci se dissipe, j'aperçois Anti, assise au dernier rang, où elle se cache sûrement depuis notre arrivée. Elle agite la main en signe d'au revoir.

Je ne m'inquiète pas pour Coolman. Il reviendra. Comme toujours. Coolman est une sorte de boomerang vivant. Impossible de s'en débarrasser. Tout le contraire d'Anti, que je ne reverrai pas avant deux semaines, c'est sûr.

Comme si la situation n'était pas assez désespérée, la pluie se met à tomber. De grosses gouttes mouillent la feuille sur laquelle je cherche les adresses de nos familles. Un seul nom est inscrit...

– Zut ! Cet imbécile d'accompagnateur n'a noté que l'adresse de ma famille ! Désolé, les gars, il a oublié les vôtres...

Je lève les yeux sur Alex et Justin. Les pauvres, ils me font vraiment de la peine. Ça doit être horrible de ne pas savoir où on va dormir...

Soudain, ils éclatent de rire.

– Surprise, mec ! s'écrie Alex.

– On a eu du mal à les convaincre, mais finalement tout le monde a trouvé que c'était une bonne idée qu'on soit tous les trois dans la même famille !

TOUS LES TROIS DANS LA MÊME FAMILLE ?

Mais personne ne m'a demandé mon avis, à moi !

Et si on me l'avait demandé, j'aurais dit que ce n'était pas une bonne idée !

UNE IDÉE HORRIBLE, MÊME !

Alex et Justin comptent sur moi pour trouver la maison de nos hôtes, ce qui n'est pas bien compliqué vu que le patelin ne compte qu'une seule et unique rue, bordée de petites maisons identiques en briques rouges. Même les jardins font l'effet d'avoir été choisis sur catalogue. Peut-être que les habitants échangent régulièrement leurs maisons ?

– On est dans Downing Street ? demande Alex qui marche derrière moi. C'est la rue où habite le chef adjoint de la reine, ils l'ont dit à la télé !

– Sois logique pour une fois, répond Justin. On est à Londres, et Downing Street aussi est à Londres. Comme il n'y a qu'une seule rue ici, on peut donc en déduire qu'on est dans Downing Street, pas vrai, Arthur ?

– Oui, c'est exact. Le Premier ministre britannique habite dans le coin.

J'en ai assez de faire du soutien scolaire à ces deux zigotos...

On est arrivés : devant nous, notre demeure pour les deux prochaines semaines. Elle est exactement comme toutes les maisons voisines. Tout est pareil, même les rideaux ! Une plaque cuivrée indique le nom des gens qui y habitent : *Margaret and Harvey Foolman.*

Je sonne. De longues secondes s'écoulent avant qu'on ouvre. Un homme chauve et une femme rousse finissent par apparaître dans l'encadrement de la porte ; ils nous dévisagent avec méfiance, comme s'ils redoutaient qu'on soit venus quémander de l'argent pour les enfants d'Afrique. Avec ses grandes dents en avant, Margaret ressemble à un cheval en train d'implorer un sucre. Elle a la tête recouverte de bigoudis. Bien qu'il soit plus de dix-sept heures, Harvey est encore en peignoir de bain. Il fait une tête de moins que sa femme, mais il est facilement deux fois plus gros qu'elle. Tous deux ont une tasse de thé à la main et une cigarette au coin de la bouche.

JE VEUX RENTRER À LA MAISON !

Comme je n'ai pas d'autre idée, et que la phrase est compatible avec mon niveau d'anglais minable, je marmonne :

– *Hello, mummy and daddy* !

Aussitôt, Dents de cheval fond en larmes et Gros Déplumé me serre contre sa poitrine, renversant au passage sa tasse de thé sur mon blouson. Pourquoi m'appellent-ils Brian ?...

Ils m'installent sur le canapé, posent un gros album photo sur mes genoux et le feuillettent en insistant sur les clichés d'un petit garçon. Margaret est scotchée à moi et me couvre de baisers mouillés, tandis que son mari me filme avec une mini-caméra. Avec mes maigres connaissances en anglais, je ne comprends pas un traître mot de ce qu'ils baragouinent. Au bout d'une éternité, je finis par deviner pourquoi ils sont aussi agités : le garçon sur les photos, c'est leur fils, Brian, qui a fait une fugue quand il avait six ans ! Franchement, vu l'intérieur de leur maison, c'est un miracle qu'il soit resté aussi longtemps ! Le salon ressemble à un musée. Il sent la cire et l'ennui. Les murs sont couverts de portraits de la reine d'Angleterre et des autres membres de la famille royale. Il y en a partout ! Même sur la table, où le profil de la souveraine est brodé au centre de la nappe. Depuis que je les ai appelés «*mummy and daddy*», Margaret et Harvey s'imaginent que je suis Brian...

– C'est dingue que tu aies retrouvé tes vrais parents ici, après toutes ces années ! s'exclame Alex, tout ému.

– Et la vieille sur la photo, c'est ta mémé ? demande Justin en désignant le portrait de la reine d'Angleterre.

J'ai beaucoup de mal à expliquer à Margaret et à Harvey qu'ils se trompent. Compte tenu de mon niveau en anglais, j'essaie le langage des signes, ce qui, par la même occasion, permet à Justin et à Alex d'y voir clair aussi.

Lorsque enfin ils comprennent pourquoi on a atterri chez eux, Margaret et Harvey sortent un vieux calendrier et nous montrent qu'ils ne nous attendaient pas avant la semaine prochaine.

Pour le dîner, Margaret nous sert une tourte à la viande froide, qui va bien avec l'ambiance glaciale qui règne dans le salon depuis que je ne suis plus Brian. La tourte sent la pâtée pour chats. Elle en a le goût, aussi. Alex et Justin la trouvent bonne, alors je leur laisse ma part de bon cœur.

Comme on est incapables de discuter en anglais avec nos hôtes, on décide d'aller se coucher de bonne heure, ce qui est toujours mieux que de rester assis en silence sur le canapé, sous l'œil froid de la reine. Son portrait me rappelle la lettre que m'a confiée Rodolphe

Schmitz. J'ai mauvaise conscience : comment est-ce que je vais bien pouvoir la remettre à son illustre destinataire ? Vu la façon dont le voyage se présente, il faudrait un miracle...

Avant de quitter la table, Margaret et Harvey exigent qu'on chante avec eux le *God Save the Queen*. Ils se donnent beaucoup de mal pour nous expliquer que c'est un rituel auquel ils se prêtent tous les soirs. Mais au lieu de chanter « *God save the queen* », Alex s'entête à brailler « *God shave the queen* », en clair « que Dieu rase la reine », ce qui n'est pas tout à fait la même chose que : « que Dieu protège la reine », comme le clame le glorieux hymne anglais. Heureusement, nos hôtes n'entendent rien, assourdis par le son de la cornemuse. L'instrument ressemble à un mouton tondu, qui serait coincé sous le bras d'Harvey et gonflé à l'aide d'une pompe à vélo. Il émet les mêmes bêlements désespérés.

Une fois la dernière note envolée, Margaret nous conduit dans une pièce peinte en bleu clair dans laquelle trônent trois lits superposés.

ATTENTION !

Surtout ne pas commettre d'erreur : le choix du lit est capital !

– Je prends le lit du haut !

Alex et Justin sont d'accord et se répartissent ceux du dessous.

J'ai beau être mort de fatigue, je n'arrive pas à m'endormir. J'en profite pour récapituler mentalement tout ce que je déteste en Angleterre :

1) La conduite à gauche.

2) La nourriture.

3) La langue.

4) La musique.

5) Les jeunes lords.

Au moment où je termine ma liste, Alex et Justin se mettent à ronfler... et à lâcher des pets. Manifestement, la tourte à la viande de Margaret passe mal.

L'air chaud monte, c'est un principe que j'ai appris en cours. Maintenant je peux le vérifier de manière très concrète.

Merci, Coolman, de m'avoir conseillé de prendre le lit du haut.

Je te revaudrai ça !

4

VISITE AU CHÂTEAU

Le lendemain, Margaret nous ressert sa tourte à la viande au petit déjeuner...

Je n'aurais jamais pensé être aussi reconnaissant à ma mère d'avoir glissé des paquets de gâteaux dans ma valise ! J'ai fait le compte, si je suis raisonnable et que je ne mange pas plus de huit biscuits par jour (disons neuf le dimanche), je peux tenir les deux semaines sans mourir de faim.

Après le petit déjeuner, Margaret me tend un sac-poubelle et me fait signe de le porter au conteneur. Je m'en sors plutôt bien : Alex et Justin doivent faire la vaisselle et passer la serpillère dans la cuisine.

Le brouillard qui règne dehors m'empêche de voir à plus de cinq mètres, je me fie donc à mon odorat qui me conduit jusqu'à un bac à ordures plein à ras bord.

En voulant vider le sac, je le renverse à moitié et tout un tas de boîtes de conserve vides dégringolent par terre. J'en ramasse une et je jette un coup d'œil machinal à l'étiquette. De la nourriture pour chats ? Pourquoi est-ce que je me sens mal, tout à coup ? Pris d'un doute, j'inspecte les autres boîtes. Sur chacune d'elles, un adorable petit minou ronronne de plaisir devant sa gamelle remplie de pâtée...

Harvey et Margaret n'ont pas d'animaux chez eux, j'en mettrais ma main à couper. Je suis allergique aux poils de chat, et je n'ai pas éternué une seule fois depuis hier soir ! Pas besoin d'être un génie dans le genre de Justin pour en tirer la conclusion qui s'impose : la tourte que Margaret nous a servie ne contenait pas de viande. Du moins, pas de la viande pour humains...

C'est ignoble ! Aussi ignoble que d'aller à l'école pendant les vacances ! Les leçons d'anglais durent de neuf à treize heures, et je m'ennuie comme un rat mort. Peut-être aussi parce qu'Alex et Justin ont séché les cours, ce qui n'est pas surprenant : pourquoi changeraient-ils leurs habitudes, alors qu'ils font la même chose chez nous ? Les profs ont un accent si prononcé que je ne comprends rien à ce qu'ils racontent, même quand ils font l'effort de s'adresser à nous dans notre langue.

Suggestion : je vous épargne les détails scolaires, et on fait un bond dans le temps pour se projeter directement au moment où la cloche sonne la délivrance.

Dehors, il pleut. Comme toujours ici, sauf quand il y a du brouillard...

Le vieux majordome est posté devant l'école, un parapluie à la main. Léna s'engouffre dans la Rolls-Royce avant que j'aie le temps de m'approcher d'elle pour papoter un peu. La limousine démarre et disparaît en direction du château où le jeune lord attend très probablement le retour de Léna.

Comme je n'ai rien de mieux à faire, je pars à la recherche d'Alex et de Justin. Je les retrouve assis sur une clôture. Ils nourrissent des poules avec des petits bracelets en caoutchouc qui ressemblent à des vers de terre tombés dans des pots de peinture. Apparemment, les volatiles en raffolent...

– Y en a pas, mec ! me lance Alex en guise de salut.

– C'est vrai, on a cherché partout, mais y en a pas..., ajoute Justin.

De quoi est-ce qu'ils parlent ?

– Pas moyen de traîner à l'arrêt de bus, y a PAS d'arrêt de bus ! précise Alex devant ma mine ahurie.

– C'est vraiment la mort, Londres ! Si j'avais imaginé ça ! soupire Justin en lançant un élastique vert fluo à une poule, qui le gobe aussitôt.

Je fronce les sourcils.

– Pourquoi vous faites ça ?

– Quoi, ça ?

– Pourquoi vous donnez des élastiques à ces pauvres bêtes ? Elles ne vont jamais les digérer !

– Détends-toi, mec ! Quand l'estomac de ces poules sera rempli de caoutchouc, on pourra jouer au foot avec : elles rebondiront mieux que n'importe quel ballon !

Vite, je dois arrêter ce massacre et détourner l'attention d'Alex et de Justin. Mais à part le château en haut de la colline, les distractions sont rares dans le coin...

Je suggère :

– Dites, les gars, ça vous dirait de monter au château ?

Franchement, ce qui m'intéresse, c'est surtout d'aller voir Léna, mais chut, pas question de l'avouer aux deux autres !

Ceux-ci sont aussitôt tout feu tout flamme :

– Bonne idée ! Ils ont sûrement des armes là-haut, on va s'éclater !

– Ouais, ce sera bien plus marrant que de jouer au foot avec des poules !

On se met en route aussitôt. Les poules caquètent avec indignation pour protester contre notre départ. L'une d'elles bat des ailes nerveusement et décolle d'une trentaine de centimètres avant d'effectuer un atterrissage périlleux qui la fait rebondir comme une balle en caoutchouc.

Il est grand temps de filer d'ici !

Pendant qu'on escalade la colline, je décide de révéler la vérité à mes compagnons d'infortune :

– Il faut que je vous prévienne : la garniture dans la tourte de Margaret, ce n'était pas du steak haché, mais de la pâtée pour chats...

– T'es sérieux ? demande Justin, incrédule.

Je hoche la tête et recule d'un mètre pour éviter qu'il ne m'écrase en tombant dans les pommes.

– On peut les acheter au supermarché, ces boîtes pour chats ? interroge Alex.

– Ouais, on pourrait en ramener à nos parents. C'est trop bon, ce truc ! s'écrie Justin.

Ce n'est pas la réaction à laquelle je m'attendais, mais le principal, c'est qu'ils soient au courant.

Une guérite est installée à côté du pont-levis qui permet d'accéder au château. Le vieux majordome, assis à l'intérieur, est plongé dans des mots croisés.

Je me racle la gorge pour attirer son attention et lui demande, dans mon meilleur anglais :

– Iz Léna... euh... iz she... hum... in ze château ?

Et pour être sûr qu'il a bien compris, je tends l'index vers l'imposante bâtisse qui trône au-dessus des douves.

Nestor ne lève même pas les yeux et se contente de pointer avec son crayon à papier la pancarte sur laquelle il est indiqué que la visite coûte une livre sterling. Du moins, c'est ce que je crois comprendre, car, bien entendu, c'est écrit en anglais.

– Il faut une livre pour entrer..., dis-je, pour Alex et Justin qui sont encore moins bons que moi en langues.

– Comment ça ? demande Justin.

– Excuse-moi, mec, mais on dit UN livre, pas une livre, déclare Alex d'un ton professoral. Un livre de quoi, d'ailleurs ? D'histoire ? D'anglais ? Ils pourraient préciser...

Je soupire :

– La livre, c'est leur monnaie. Comme nous l'euro !

– Ils sont fous, ces Anglais. Est-ce qu'on paie avec des mangas, chez nous ? ricane Alex.

– Ou avec des BD ?

C'est sans espoir.

Pendant qu'ils se tordent de rire, je tente d'amadouer Nestor :

– Nous, amis de Léna... Ferry good friendz.

Mais il reste inflexible et tapote la pancarte de son crayon sans même me jeter un regard.

Je préfère payer. Je sors trois livres de ma poche pour Alex, Justin et moi et les tends au majordome. Je demanderai à son excellence le lord bilingue de bien vouloir me rembourser. Au moins, lui et moi, on arrivera à se comprendre.

On accède à la salle des chevaliers par une petite cour. À l'intérieur, deux rangées d'armures sont exposées ; une belle collection de hallebardes, d'épées et de masses d'armes est suspendue le long des murs. Il y en aurait suffisamment pour équiper une petite armée !

Alex attrape une massue et la fait tournoyer au-dessus de sa tête :

– À l'attaaaaque !

Puis il détale dans le couloir, poursuivi par Justin, qui brandit une hache décrochée du mur.

Qu'ils se fracassent le crâne si ça leur chante, je ne suis pas leur baby-sitter après tout ! Et peut-être que leur disparition sera une bénédiction, si ce n'est pour l'humanité, au moins pour les poules...

Je profite de leur absence pour examiner la douzaine d'armures exposées. Les hommes de l'époque étaient assez petits, du coup, certaines ne sont pas plus grandes que moi. Je parie même qu'elles m'iraient. Petit, j'aurais donné n'importe quoi pour porter une armure, ne serait-ce que quelques minutes. Quel effet ça pouvait faire d'avoir le corps recouvert de métal ? Est-ce qu'on devenait lent comme une tortue ? Pouvait-on bouger tout de même ? Malheureusement, je n'ai jamais eu l'occasion de réaliser mon rêve ; même pas pour carnaval, car ma mère a toujours insisté pour me costumer en légume...

Pourquoi pas, après tout? Alex et Justin ont débarrassé le plancher, Nestor fait des mots croisés dans sa cahute, Léna et son lord sont invisibles : une telle chance ne se reproduira peut-être jamais !

Je ne fais rien de mal : j'essaie juste une armure deux minutes, et même pas la tenue complète, seulement le casque.

Je l'attrape sans mal car il est juste posé sur la mentonnière. Il glisse sur mes oreilles comme s'il était enduit d'huile de moteur. Pouah, ça sent le moisi là-dedans ! Pas étonnant, après avoir été abandonné durant tous ces siècles... Il fait sombre à l'intérieur à cause de la visière qui est fermée. Je tente de l'ouvrir pour mieux voir, mais elle me résiste. Je parie qu'elle est collée.

Ce sera sans doute plus facile de l'ouvrir de l'extérieur. Première étape : enlever le casque.

Argh ! Il est coincé ! J'ai beau tirer de toutes mes forces, il ne bouge pas d'un millimètre !

AU SECOURS !!!

Mais non, je ne crie pas. Je ne suis pas si bête ! Ça ne servirait qu'à attirer l'attention du majordome ou, pire encore, celle de Léna et de son lord.

J'ai le choix entre trois options :

1) Je reste prisonnier du casque et j'attends sagement la fin des haricots. Une fois mort, je passe mes nuits à hanter ces vieux murs.

2) J'abrège mes souffrances : plutôt que de mourir de faim, j'escalade les créneaux et je me jette dans les douves. Après, je n'aurai qu'à traverser les vieux murs pour hanter le château.

3) Je pars à la recherche d'Alex et de Justin pour qu'ils me libèrent.

Je mets prudemment un pied devant l'autre, car les minuscules fentes de la visière limitent mon champ de vision. En fait, je n'y vois rien du tout. Comment les chevaliers pouvaient-ils se battre avec ce truc sur la tête ? Ils donnaient peut-être des coups d'épée au hasard, ce qui expliquerait le fort taux de mortalité de leurs écuyers...

Je traverse trois salles sans trouver la moindre trace d'Alex et de Justin. Soudain, mon pied heurte un obstacle, je trébuche, je tente de me rattraper à un objet lisse de forme rectangulaire, mais il cède aussitôt sous mon poids. Je dégringole par terre dans un bruit de verre brisé, immédiatement suivi par le hurlement strident d'une alarme. Merci, j'ai compris que j'ai renversé quelque chose de précieux, pas besoin de faire tant de bruit... Désormais tout le monde, dans un rayon de cinq kilomètres, est au courant de ma maladresse.

Comme je suis toujours dans le noir, je reste allongé sans bouger. Je ne peux pas faire grand-chose d'autre, si ce n'est risquer de me blesser avec les débris de verre qui doivent joncher le sol. Au bout de quelques minutes, la sonnerie se tait enfin, et des pas précipités résonnent dans la salle.

– C'est Arthur ! s'écrie la voix de Léna.

– Tu sors avec lui ? demande le lord, dont je reconnais l'accent maniéré.

– NON ! Qu'est-ce qui te fait croire ça ? On est dans la même classe, c'est tout ! réplique-t-elle, horrifiée, comme s'il venait d'affirmer qu'on était des jumeaux siamois.

À eux deux, ils parviennent à arracher mon casque, et je comprends enfin ce qui s'est passé : j'ai renversé une vitrine contenant un vieux chapeau qui gît désormais par terre, au milieu des débris. Charles le ramasse et l'inspecte avec soin.

– Dieu soit loué, il est intact..., soupire-t-il en le déposant sur un banc en pierre. Il appartient à mon arrière-arrière-arrière-arrière-grand-père, l'amiral Horatio Nelson. Il le portait pendant la bataille de Trafalgar, au cours de laquelle il a perdu la vie après avoir anéanti la flotte française. Les gens viennent de tout le pays pour admirer ce chapeau, c'est une sorte de relique nationale.

– Qu'est-ce qui t'a pris d'enfiler ce casque ? demande Léna.

Je reste évasif :

– À vrai dire, je n'y suis pour rien...

Je vérifie qu'Alex et Justin ne sont pas dans les parages, et je décide de leur faire porter le chapeau. Enfin, façon de parler...

– Alex et Justin m'ont enfoncé le casque sur la tête, quand j'avais le dos tourné !

Ces deux-là font tellement de bêtises qu'on peut leur mettre n'importe quoi sur le dos : tout le monde y croit ! Même Léna, qui me lance un regard désolé et compatissant.

– Veux-tu nous accompagner en excursion demain, après l'école ? propose alors le jeune lord. Je veux montrer Stonehenge à Léna. Le site est impressionnant. Imagine de grandes pierres formant un cercle qui...

Ce prétentieux commence vraiment à me taper sur les nerfs. Je lui coupe la parole :

– Économise ta salive, je la connais, l'histoire de Stonehenge !

– Tu viendras tout de même ? questionne Léna.

Comment refuser ?

J'hésite à demander à Charles de me rembourser mes trois livres, mais compte tenu de l'affaire du chapeau, je préfère m'abstenir.

Tandis qu'ils me raccompagnent au pont-levis, Léna tient à me faire partager son enthousiasme pour Charles, qui ne se contente pas de parler français, mais aussi allemand, italien, chinois et LATIN ! Son père est l'un des piliers du gouvernement ; quant à sa mère, c'est une artiste reconnue dont les tableaux sont exposés dans tous les grands musées européens. Charles est le capitaine (rien que ça !)

d'une équipe de football ; il encadre aussi des enfants au rugby. Il milite pour Greenpeace, s'occupe de chatons abandonnés, et passe un dimanche sur deux dans une cantine populaire, où il distribue des repas chauds aux nécessiteux. Bien entendu, il est premier de sa classe et, comme si ça ne suffisait pas, il profite de ses quelques moments de loisir pour composer des chansons, dont deux passent de temps en temps à la radio.

Je le déteste.

L'idée de Coolman est atroce, mais je dois dire qu'elle me plaît bien !

5

DOMINOS GÉANTS

Après une horrible matinée de cours auxquels je n'ai rien compris, ma vraie mère me téléphone :

– Tu aimes la cuisine anglaise, Arthurinou ?

– Un régal ! C'est presque aussi bon qu'à la maison.

– Et la famille qui t'accueille ?

– Des amours ! On est comme des coqs en pâte chez eux !

– Tu as commencé à visiter Londres ?

– Oui ! C'est génial, comme ville ! Il y a toujours quelque chose à faire !

– Tu fais des progrès en anglais ?

– Plein... Je suis presque bilingue, maintenant.

– Formidable ! Ta sœur aussi ?

– J'imagine. Mais je ne la vois pas souvent : elle est tout le temps en train d'étudier, tu sais...

– Je suis si fière de vous ! Est-ce que tu t'es fait de nouveaux amis ?

– Bien sûr ! Des tas ! Et même un vrai lord !

Là, au moins, je ne mens pas tout à fait, puisqu'il m'a invité à l'excursion cet après-midi...

Pas la peine de dire à ma mère :

1) Qu'on nous donne de la pâtée pour chats à tous les repas.

2) Que notre famille d'accueil nous traite comme des esclaves.

3) Que Londres est à quatre-vingts kilomètres et que, dans notre trou, il n'y a rien, même pas un arrêt de bus.

4) Que je ne comprends rien au dialecte qu'ils parlent ici.

5) Qu'Anti a filé à Londres dès le premier jour, et que je n'ai eu aucune nouvelle d'elle depuis !

Les mères, c'est comme les longs trajets en car : fatigant. Et les mères inquiètes, c'est bien pire. Vous avez déjà fait un long trajet en car sans aucune pause-pipi ? Eh bien, une mère inquiète, c'est aussi pénible que ça !

Un coup de klaxon annonçant l'arrivée de la Rolls-Royce me donne un bon prétexte pour raccrocher :

– Je dois y aller, maman. Mon ami le lord m'appelle ! Embrasse papa pour moi !

Je sors en courant et tombe nez à nez avec Harvey, planté dans le jardin devant la tondeuse à gazon.

Je lui crie :

– *Sorry, no time !* Pas le temps !

Qu'il la tonde lui-même, sa maudite pelouse !

La limousine est garée dans la rue. Personne ne descend pour me tenir la porte, comme par hasard !

Au moment de monter, j'aperçois Alex et Justin, postés à la fenêtre de notre chambre, qui me dévisagent, les yeux écarquillés. Ils viennent de se réveiller, ce qui n'a rien d'étonnant, vu qu'ils sont rentrés de notre visite au château au petit matin. Ils prétendent avoir découvert un souterrain secret qui part de la cave du manoir et débouche dans la forêt. Ils ont rampé à l'intérieur jusqu'à la sortie et il leur a fallu toute la nuit pour retrouver la maison d'Harvey et Margaret. Ils étaient tellement sales en arrivant que je les ai crus sur parole ! Ils ne m'ont pas donné de détails sur ce qu'ils ont fait dans le tunnel, et, pour être tout à fait franc, j'aime autant ne rien savoir.

La portière se referme et la limousine démarre. À chaque vibration, je tressaute légèrement sur mon siège moelleux dont le revêtement est sans doute en cuir de kangourou. L'intérieur est tellement chic... Et gigantesque ! On pourrait sans problème y caser une table de ping-pong, et même une petite tribune sur le côté pour les spectateurs !

Je profite du luxe qui m'entoure : des rideaux de soie rouge sont fixés aux fenêtres ; un lustre en cristal, orné de vraies bougies dont les flammes oscillent à chaque virage, pend du plafond. Les banquettes étant en vis-à-vis comme dans les trains, Léna et son lord sont assis en face de moi.

Je leur adresse un bonjour aussi décontracté que possible, pour bien leur signifier que je ne suis pas impressionné et que, chez moi, j'ai l'habitude qu'on vienne me chercher tous les jours à l'école dans ce genre de véhicule !

– Salut, Arthur ! répond Léna.

Le lord se contente d'un petit mouvement de tête. Quelque chose ne tourne pas rond, je le sens.

– Il a disparu..., me souffle Léna.

De qui parle-t-elle ?

Pas de Charles, il est assis près d'elle. Pas du majordome, il est au volant. Qui a pu disparaître alors ?

– Le chapeau de l'amiral Nelson ! précise Léna. Quelqu'un a profité du... hum, bazar – tu vois de quoi je veux parler ? – pour l'emporter. Scotland Yard est déjà sur les dents !

Un doute affreux s'empare de moi. Mais je préfère me taire car je n'ai aucune preuve. J'ai la désagréable impression que Charles me tient pour responsable de la disparition du chapeau de son aïeul. Il n'arrête pas de me jeter des regards bizarres. C'est sûr, il pense que je suis de mèche avec les voleurs et que j'ai fait exprès de renverser la vitrine pour leur faciliter la tâche... Je fais une tentative pour alléger l'atmosphère plombée qui règne dans la voiture :

– Ce n'est qu'un chapeau, en même temps...

– Oui, mais pas n'importe lequel ! s'insurge le lord en me jetant un regard furieux. C'est celui que mon arrière-arrière-arrière-arrière-grand-père, l'amiral Nelson, portait le jour de la bataille de Trafalgar !

– Il a déjà eu de la veine de ne pas le perdre ce jour-là..., dis-je pour le consoler. Mon père aussi avait un chapeau auquel il tenait beaucoup. Eh bien, il est tombé à l'eau pendant qu'on faisait une balade en bateau : plouf, disparu ! Depuis, mon père ne porte plus que des casquettes, elles tiennent mieux sur le crâne...

Ça n'a pas l'air de beaucoup le réconforter.

– J'aimerais bien savoir qui est le fourbe qui a commis un acte aussi odieux ! s'écrie Léna.

– Moi, aussi, grince le lord en me toisant.

Le reste du trajet se déroule en silence, à l'exception du bruit de la pluie sur le toit de la voiture. Je m'applique à contempler le paysage en affichant un air aussi innocent que possible. Je sens que Charles m'observe, comme s'il essayait de lire la culpabilité sur mon visage. Il ne cherche même pas à être discret, non, il me fixe carrément, ce qui est très désagréable.

Je pousse un soupir de soulagement quand, enfin, on arrive à Stonehenge.

Le chauffeur se gare dans le champ, près du site. Un parking public est situé un peu plus loin, mais quand on possède une Rolls-Royce, on a tous les droits, même celui de stationner devant l'un des trésors du patrimoine de l'humanité !

Vous connaissez Stonehenge ? C'est un ensemble de pierres géantes, très vieilles, que des gars ont installées en cercle il y a des milliers d'années. Elles n'ont pas bougé depuis, enfin, du moins, celles qui restent. En dehors de leur taille, je ne vois pas ce qu'on leur trouve de si spectaculaire. Je faisais le même genre de constructions avec des briques en plastique quand j'étais petit... Si vous voulez mon avis, il n'y a pas non plus de quoi faire tout un fromage.

– Le site de Stonehenge date d'au moins trois mille ans. Les pierres les plus hautes mesurent jusqu'à cinq mètres, explique Charles.

– Waouh, tu en sais, des choses..., s'exclame Léna en le regardant avec admiration.

Comme il n'y a pas beaucoup de place sous le parapluie noir que tient le majordome, ils se serrent l'un contre l'autre. Nestor fait en sorte qu'ils soient protégés de la pluie. Moi, en revanche, il s'en fiche, et mon blouson est déjà tout trempé. Je vais m'enrhumer, c'est sûr, et franchement, je ne suis pas sûr que ces vieilles pierres en vaillent la peine.

– Certains pensent que Stonehenge est un lieu sacré où nos ancêtres honoraient leurs dieux, continue le lord. D'autres historiens très sérieux pensent qu'il s'agit plutôt d'une sorte de calendrier, et je suis de leur avis. Tous, nous nous accordons sur un point : c'est une œuvre majeure !

Léna et lui contemplent les pierres avec respect, mais Nestor, qui les suit avec le parapluie, affiche un air blasé, ce qui me le rend plutôt sympathique.

Je soupire :

– Si c'était aussi génial que ça, il y aurait un toit. Il pleut tout le temps ici ! Si vous voulez mon avis, ceux qui ont construit ce truc n'avaient pas inventé le fil à couper le beurre !

C'est vrai, non ? Eh bien pourtant Léna me foudroie du regard. Quant à Charles, il m'ignore carrément, et continue d'étaler sa science. À croire qu'il connaît l'âge de bronze comme sa poche ! Je m'éclipse pour examiner de plus près les pierres géantes.

À part nous, il n'y a personne. La pluie a découragé tous les touristes ; même les gardiens se sont réfugiés dans leur guérite, sur le parking. Beaucoup de visiteurs ont voulu laisser une trace de leur passage en gravant leurs noms sur les pierres. Je n'en connais aucun. Ah si ! Là, il y a écrit « *Coolman was here* » !

Je rejoins Charles et Léna qui sont en train de pique-niquer, assis sur une couverture. Le majordome tient toujours le parapluie au-dessus de leurs têtes. Après deux jours au régime gâteaux secs, les cuisses de poulet froides et les sandwichs garnis, que sort Charles du panier en osier, me mettent l'eau à la bouche. Ils ont l'air un peu humides, mais délicieux quand même !

– Tu as faim, Arthur ? demande Léna en me faisant signe d'approcher.

Pendant quelques instants, ma fierté et ma fringale se livrent un combat sans merci. Heureusement, ma fierté capitule vite. Je l'en remercie. De tout cœur, même.

Je me racle la gorge.

– En fait, je goûterais bien une cuisse de poulet.

– Ce n'est pas du poulet, mais du faisan ! corrige Charles.

Poulet ou faisan, aucune importance ! Du moment que ça ne sort pas d'une boîte de conserve pour chats, et que ça n'a pas le goût de biscuit...

Léna me tend une cuisse de faisan, j'en profite pour lui demander:

– Est-ce qu'il y a du ketchup?

Consterné, le lord en laisse tomber son sandwich qui, lesté par toutes les bonnes choses qu'il contient, sombre aussitôt dans une flaque d'eau.

– *In the car, Sir*, répond le majordome en désignant la voiture du menton.

C'est la première fois qu'il m'adresse la parole. Je craignais que, pour l'empêcher de trahir leurs secrets de famille embarrassants, ses maîtres l'aient forcé à faire vœu de silence, comme certains moines qui ne parlent qu'à Dieu.

– *Thank you*, dis-je poliment.

Comprenant que Nestor ne peut pas abandonner sa mission parapluie, je décide d'aller chercher le ketchup moi-même.

Je m'engouffre à l'avant de la voiture. Enfin au chaud et au sec ! Un mini-réfrigérateur vibre doucement devant le siège passager. Je l'ouvre : dans le compartiment congélation, il y a de la glace vanille-fraise – sûrement pour le dessert – et, en dessous, un récipient rempli de petites boules noires peu appétissantes (des olives ?) ainsi qu'une bouteille de ketchup.

Malgré l'expérience pénible du casque, je laisse ma main glisser sur le volant en bois sombre. Quelle classe ! Coolman me murmure à l'oreille : « Vas-y, fais-le ! »

Tiens, la clé est restée sur le contact...

Anti, ma sœur, emprunte souvent la voiture de mes parents, en cachette, le soir. Elle n'a pas le permis, mais ça ne l'empêche pas de conduire, donc ça ne doit pas être si difficile que ça. En plus, moi, je veux juste mettre le moteur en marche...

Je tourne la clé, et la voiture se met à ronronner comme un tigre à qui on gratterait le ventre.

Et si je reculais lentement pour m'approcher de Léna, de Charles et du majordome avec son parapluie ? Au moins, je n'aurais pas à marcher sous la pluie, et puis Léna serait drôlement impressionnée de me voir garer la Rolls devant elle, et en descendre négligemment...

Oui, je mériterais de m'appeler Coolman Junior, mais c'est plus fort que moi : j'appuie très légèrement sur l'accélérateur.

Soudain, alors que je n'ai qu'effleuré la pédale, la voiture fait un bond en avant, vrombit sur l'herbe, frôle d'un cheveu les pique-niqueurs, et s'écrase contre l'une des grosses pierres. L'airbag se déclenche aussitôt, me bouchant la vue. Il me reste le son : une succession de bruits sourds qui m'indiquent que la pierre est tombée sur celle d'à côté, qui a entraîné la suivante dans sa chute, et ainsi de suite : une véritable course de dominos à très très grande échelle !

Clac, clac, clac, les roches s'effondrent les unes après les autres. Le sol tremble, on croirait un séisme de forte amplitude ! Je suis sûr qu'on peut le ressentir jusqu'à Londres, et peut-être même dans le monde entier !

Et puis, plus rien. Pas même un piaillement d'oiseau. Je palpe mes bras et mes jambes pour vérifier que je ne suis pas blessé : tout va bien, je suis indemne. Léna et le lord s'approchent de la voiture, dont l'avant est désormais beaucoup plus court, ce qui permettra au chauffeur de la garer facilement n'importe où. Léna a l'air inquiète. Je choisis de ne pas lui expliquer que la tache rouge sur mon visage n'est pas du sang, mais du ketchup qui s'est échappé de la bouteille brisée au moment du choc.

Charles est nettement moins préoccupé par mon état de santé. Il vocifère que j'ai détruit une Rolls-Royce toute neuve et un site millénaire sacré.

Je me défends comme je peux :

– Ce n'est pas ma faute, la voiture a avancé toute seule !

Tant pis si ce n'est pas crédible, rien d'autre ne me vient à l'esprit. De toute façon, je ne vois pas comment on pourrait prouver le contraire ! En plus, il exagère, ce n'est pas si grave que ça, non plus ! Si ses parents sont vraiment aussi riches qu'il le prétend, ils ont sûrement une deuxième Rolls-Royce dans leur garage. Et pour les pierres, il suffira de les redresser avec une grue. On n'est plus à l'âge de bronze ! Une fois que le cercle sera reformé, on n'y verra que du feu.

Malgré tout, l'atmosphère est pesante dans le bus qui nous ramène au village. J'ai dû payer les tickets de tout le monde, car le chauffeur du bus n'a pas accepté la carte de crédit platinum-super-premium de Charles, et Nestor n'avait pas d'argent liquide sur lui. Je précise que je l'ai fait de bon cœur alors que le lord, lui, n'arrête pas de geindre à cause de sa voiture cabossée, des vieux cailloux renversés, et tout ça. Moi, bon prince, je n'ai pas hésité une seconde à le payer de ma poche, ce voyage en bus pour tout le monde, sans rechigner et même avec plaisir !

Ils auraient quand même pu me dire merci...

6

LE DIGNE HÉRITIER DE SHERLOCK HOLMES

Comme il n'y a pas d'arrêt de bus au village, on descend au croisement, à deux kilomètres des premières maisons, et on finit à pied dans un silence de plomb.

Même Coolman se tait.

Depuis l'accident, il est invisible. J'espère, même si ça m'étonnerait beaucoup, qu'il a mauvaise conscience. Après tout, qui m'a convaincu de démarrer la voiture et d'accélérer ? Jamais je n'aurais eu une idée aussi tordue tout seul ! J'espère qu'il a une bonne assurance, au moins !

Après la pluie, le brouillard ! Ce sont les deux seules options météo, ici. Depuis que je suis arrivé, je n'ai pas vu un seul rayon de soleil. Le temps reste en harmonie avec mon humeur, et ce n'est pas plus mal après tout.

On n'y voit pas à deux mètres. Une chance, car la brume me protège des regards courroucés du lord. Il marche d'un côté de la route, et moi de l'autre : difficile de mettre plus de distance entre nous ! Léna et le majordome se tiennent au milieu de la chaussée, tels des Casques bleus de l'ONU, ces vaillants soldats de la paix dont la mission est de faire en sorte que les civils innocents – en l'occurrence, moi – ne soient pas victimes de massacres sanguinaires. Charles ne décolère pas ; il m'en veut pour la disparition du chapeau de l'amiral Nelson, pour l'accident de Rolls-Royce et pour la dégringolade des vieilles pierres.

Mais ça m'est égal, le principal, c'est Léna. Elle s'est fait du souci pour moi après l'accident, je l'ai bien vu. On ne s'inquiète que pour les gens qu'on aime, non ? Il faut que j'en profite. Je geins faiblement, juste pour voir.

Ça marche !

Au vingt-cinquième gémissement, elle demande :

– Tu as mal quelque part ?

– Ça va, merci. Je vais m'en sortir, j'ai la peau dure... Je souffre le martyre depuis que la voiture a foncé toute seule dans une pierre, mais c'est pas mon genre de me plaindre : j'ai un mal de chien bien sûr, mais, en serrant les dents, j'arrive à contenir ma douleur. Je ne voudrais pas vous écorcher les oreilles avec mes cris. Et puis, d'autres sont plus à plaindre que moi, j'en suis conscient. Ceux par exemple qui ont perdu un vieux chapeau. Moi, c'est juste ma santé et mon rêve le plus cher qui viennent d'être brisés... Je t'avais dit que je voulais devenir garde-chasse en Afrique ? Je voulais sauver les éléphants et les rhinocéros des griffes des chasseurs. Mais pour vivre une vie d'aventurier, il faut une santé de fer et une forme olympique. Pour moi, c'est fini tout ça. Je ferai autre chose, tant pis. Un travail que je pourrai effectuer en position allongée, pour supporter ces douleurs atroces...

Si Léna n'est pas émue aux larmes avec tout ça, c'est qu'elle n'a pas de cœur !

– C'est bon, arrête ton cinéma ! siffle-t-elle.

Ce n'est pas vraiment la réaction que j'espérais.

Charles grommelle que sa famille chasse en Afrique depuis cinq générations, et que lui-même a tué son premier buffle à l'âge de six ans. Il ajoute que, là-bas, ces bestioles pullulent, et qu'un village entier peut se nourrir pendant un mois de la viande d'un seul animal. Bien entendu, il leur a généreusement offert la dépouille de celui qu'il avait tué, après en avoir prélevé les cornes pour décorer le mur de sa chambre...

Malgré le manque de visibilité, je crois remarquer que le meurtre du buffle ne réjouit pas Léna. Mon humeur s'améliore aussitôt, j'en oublie même de gémir pendant quelques mètres.

On met trois heures à parcourir la distance qui nous sépare du village, car on se perd sans arrêt à cause de l'épais brouillard. Pendant le trajet, le lord n'arrête pas de se vanter de son grade de chef de patrouille chez les scouts.

– D'ailleurs, ajoute-t-il, Robert Baden-Powell, le fondateur du scoutisme, est l'un de mes ancêtres.

Ah tiens, ça m'aurait étonné !

Je suis un bon marcheur, les kilomètres ne me font pas peur ; on ne peut pas en dire autant du grand chasseur de buffles qui, au bout d'une heure, se met à geindre parce qu'il a une ampoule au pied. Je suis sûr que, si Léna n'était pas là, il demanderait à son majordome de le porter. Soudain, j'aperçois deux poules qui sautillent dans un champ, comme deux balles en caoutchouc.

– On y est presque ! dis-je.

En effet, les premières maisons émergent du brouillard. Les adieux sont rapides. J'hésite à demander le remboursement des trois livres que j'ai dépensées hier pour entrer dans le château, mais j'y renonce : l'atmosphère est trop tendue et, de toute façon, Charles n'a pas un sou sur lui. Léna, Charles et le majordome retournent au château, et moi dans ma « famille ». Pourvu qu'Alex et Justin soient à la maison ! La Rolls-Royce est en miettes, Stonehenge aussi, mais, pour le chapeau, tous les espoirs ne sont pas perdus...

En arrivant dans le jardin, j'entends Harvey qui entonne les dernières mesures du *God Save the Queen* à la cornemuse. Chouette ! J'ai échappé à la chorale obligatoire et au dîner ! Pourvu qu'ils ne m'aient rien laissé à manger !

J'entre dans le salon : Margaret, assise sur le canapé, tricote au crochet une housse pour le couvercle des W-C, ornée du portrait de la reine d'Angleterre. Harvey a rangé son biniou et s'est installé devant une retransmission en direct d'un tournoi de golf. Je traverse la pièce sans qu'ils m'adressent la parole. Tant mieux, de toute façon je ne comprends rien à ce qu'ils racontent !

Est-ce que c'est pour ça qu'ils ont scotché, sur la porte de notre chambre, une note en cinq points récapitulant toutes nos corvées quotidiennes ? Ils ont pris soin de la rédiger dans NOTRE langue afin d'éviter tout problème de compréhension. Enfin, notre langue... Je ne sais pas où Harvey l'a apprise car c'est du charabia !

1) Ça vaut nez les toiles laides.
2) Zoo tire l'or dur.
3) Fer les quarts hauts.
4) Thon le gaz onze.
5) Hou pliez pas le cerf Pierre.

Je sors un stylo de ma poche pour laisser un petit message à l'attention de nos charmants esclavagistes britanniques : un gros point d'interrogation devant chacune des cinq phrases. Au moins, ce signe-là se comprend dans toutes les langues !

Alex et Justin sont déjà au lit.

– Tu crois que si on les avale tous, on rebondira comme les poules hier ? demande Justin en brandissant un gros paquet de bracelets en caoutchouc, à moitié vide.

– J'en ai mangé une vingtaine, mais ça n'a pas marché. T'en veux un ? me propose Alex.

Je refuse poliment :

– Non merci, je n'ai pas faim.

Et je commence aussitôt mon enquête :

– Alors comme ça, vous avez passé la soirée au château ?

– Oui. On t'a déjà tout raconté, non ?

– C'est trop bien, ce souterrain. Plus besoin de payer l'entrée, comme ça !

Pas de temps à perdre avec les anecdotes de Coolman, il faut à tout prix que j'arrive à savoir si Alex et Justin ont volé le chapeau de Nelson. Si je le retrouve, je marquerai des points auprès de Léna, et ça prouvera mon innocence à Charles, qui est toujours convaincu que j'ai fait exprès de renverser la vitrine pour permettre à des complices d'agir sans déclencher l'alarme.

Je demande négligemment :

– Vous n'avez pas ramené un petit souvenir de votre escapade, par hasard ?

– C'est quoi, l'embrouille ? Tu crois qu'on a piqué des trucs, c'est ça ? s'exclame Alex, l'air aussi offusqué que si je le soupçonnais de ne jamais manquer l'école, ou de ne jamais resquiller dans le bus !

– On n'est pas des voleurs ! s'indigne Justin.

C'est vrai, après tout, ce n'est pas très juste de ma part. Ce ne sont pas des anges, c'est vrai, mais ça ne fait pas d'eux des malfaiteurs. Allez, je leur dois des excuses :

– Je suis dé...

Alex ne me laisse pas le temps de finir ma phrase.

– Voler, c'est pas bien, vieux. Nous, on partage, pour qu'il y ait plus de justice dans le monde ! s'écrie-t-il en m'adressant un clin d'œil.

Il se lève, pousse l'armoire derrière laquelle se trouve un renfoncement dans le mur qui leur sert de cachette, puis Justin étend une couverture par terre sur laquelle Alex dépose leur butin :

1) Une bouée de sauvetage avec le nom du ferry qui nous a emmenés en Angleterre.

2) Un carton de sacs à vomi (provenant aussi du bateau).

3) Une assiette à soupe ornée du portrait de la reine (qui appartient probablement à nos hôtes).

4) Une boîte à musique jouant l'hymne national d'Angleterre (même provenance).

5) Une boîte de nourriture pour chats (*idem*).

6) Un panneau stop (il me semble bien l'avoir vu, hier encore, au croisement).

7) Quatre sachets de bracelets en caoutchouc (d'où viennent-ils ? Aucune idée).

8) Une massue (du château).

9) Une hache (*idem*).

– Ça t'en bouche un coin, hein ?

Alex et Justin se tiennent fièrement devant leur trésor de guerre, comme s'ils s'attendaient à ce que je les félicite.

Aucune trace du chapeau de l'amiral Nelson. Je demande prudemment :

– C'est tout ?

– Tout ce qui a de la valeur, oui. Le reste, c'est des bricoles, précise Justin.

– Et avec qui vous allez les partager, ces richesses ?

– Ben, avec nous-mêmes ! ricane Alex. Pourquoi ? Tu veux quelque chose ? Sers-toi, te gêne pas !

– Non merci, dis-je, laconique, en regagnant mon lit.

J'ajoute d'un ton désapprobateur :

– Mais je tiens à vous dire que ce que vous faites n'est pas correct...

Fin du débat. Il faut que je réfléchisse. Alex et Justin n'ont pas volé le chapeau de Nelson, ça me semble évident. Ce n'est pas moi non plus, ni Coolman. On a un alibi béton : on est restés ensemble tout le temps ! J'ouvre un paquet de gâteaux et j'avale un biscuit. Qui est le coupable alors ?

Pendant qu'Alex et Justin rangent leur bric-à-brac derrière l'armoire, je dresse une liste des suspects possibles. Trois noms apparaissent :

1) Léna.

2) Le majordome.

3) Lord Charles, comte de Sherwood-Wellington, duc des Indes méridionales et septentrionales et des îles de Nocash.

Maintenant, l'étape 2 :

Impartial et la tête froide, en m'appuyant exclusivement sur des preuves tangibles et sur les capacités illimitées de mon cerveau, je vais analyser les mobiles, les alibis et les preuves qui accablent ou innocentent les trois suspects. Et le mystère sera résolu. On est dans la patrie de Sherlock Holmes, oui ou non ?

Léna :
Mobile : aucun.
Preuves de son innocence : aucune.
Preuves de sa culpabilité : aucune.
Intime conviction : ce n'est pas elle qui a fait le coup.

Le majordome :
Mobile : mauvais traitements... peut-être.
Preuves de son innocence : aucune.
Preuves de sa culpabilité : aucune.
Intime conviction : ce n'est pas lui qui a fait le coup.

Charles :
Mobile : aucune idée, mais il y en a sûrement un.
Preuves de son innocence : aucune, mais ça ne veut rien dire.

Preuves de sa culpabilité : aucune. Pour l'instant...

Intime conviction : c'est lui qui a fait le coup.

Y aurait-il une faille dans mon analyse juste et pointue de l'affaire Nelson ? Coolman a raison : pourquoi Charles volerait-il un objet qui lui appartient ? Ça n'a pas de sens.

– Tu paries qu'Arthur va vouloir qu'on rende tout ? Quel rabat-joie, ce mec ! murmure alors Justin.

Alex et lui ont regagné leurs lits ; ils sont en pleine discussion. J'étais tellement concentré sur mon enquête que je ne m'en suis pas aperçu.

– Ça servirait à quoi ? Tous ces trucs sont assurés contre le vol ! répond Alex.

– Vraiment ? Même les sacs à vomi et les conserves de pâtée pour chats ?

– Ouais, les assurances remboursent tout !

Pourquoi est-ce que je n'y ai pas pensé plus tôt ? Le chapeau de Nelson doit être assuré, lui aussi ! Et comme c'est un trésor national, le remboursement va s'élever à plusieurs millions ! Charles a fait disparaître le couvre-chef de son ancêtre pour toucher le magot de l'assurance, la voilà, la vérité !

Du coup, tout s'explique.

Pourquoi était-il si contrarié de l'accident de la Rolls-Royce ?

Pourquoi la visite du château est-elle payante ?

Pourquoi Nestor est-il le seul domestique de la famille ?

Parce que son altesse sérénissime, le duc de machinchouette, est fauché comme les blés !

L'affaire est résolue. Il n'y a plus qu'à réunir une ou deux preuves que je trouverai sûrement au château demain. Et si Alex et Justin me montrent l'entrée du souterrain, je n'aurai même pas besoin de payer l'entrée !

Coolman n'arrivera pas à me faire peur. Je vais me rendre incognito au château, rassembler les indices dont j'ai besoin, et filer aussi sec, ni vu ni connu.

La tête de Léna, quand son lord sera accusé d'escroquerie à l'assurance grâce à moi ! *Good bye*, le prince charmant !

Comme un ordinateur superpuissant, mon cerveau poursuit son enquête et, cette fois, déchiffre la liste que nos hôtes ont punaisée sur la porte de la chambre :

1) Ça vaut nez les toiles laides = savonner les toilettes.

2) Zoo tire l'or dur = sortir les ordures.

3) Fer les quarts hauts = faire les carreaux.

4) Thon le gaz onze = tondre le gazon.

5) Hou pliez pas le cerf Pierre = n'oubliez pas la serpillère.

Je suis un génie ! Mais il ne faut surtout pas qu'Harvey et Margaret sachent que j'ai réussi à comprendre leur mot, sinon plus aucune excuse pour échapper aux corvées !

Tout content de moi, je ferme les yeux. Demain est un jour important : je vais confondre Charles et gagner une régate !

7

TROIS HOMMES ET UNE BARREUSE

La course d'aviron a lieu dans les douves du château, larges et peu profondes, un détail qui peut s'avérer très utile en cas de chavirage... Les villageois ont profité de l'occasion pour organiser une petite fête en l'honneur de leurs visiteurs étrangers (nous !).

On grimpe au château sous l'averse. Ce matin, Alex et Justin ont séché les cours, mais là, pas question de rater la course !

Des caquètements farouches retentissent alors qu'on passe devant la basse-cour. Les poules se précipitent sur Alex et Justin en sautillant, bec grand ouvert.

– Désolé, les filles, y'a plus d'élastiques ! leur crie Justin en haussant les épaules.

– De toute façon, ça marche pas, renchérit Alex en faisant des bonds pour leur montrer que l'effet balle rebondissante ne fonctionne pas sur les humains.

J'aurais pu leur dire dès le début, mais ça n'aurait servi à rien, ils ne m'auraient pas écouté.

Pendant le trajet, je repense au journal qui trônait ce matin sur la table du petit déjeuner. Je l'ai lu en entier. Enfin, façon de parler, car il était en anglais ; je l'ai feuilleté, pour voir s'il y avait des photos de la Rolls-Royce accidentée et des pierres renversées.

Il n'y en avait pas, ce qui peut s'expliquer de deux façons :

1) Soit les parents de Charles sont si influents qu'ils ont réussi à étouffer l'affaire.

2) Soit les pierres tombent régulièrement et doivent être redressées au moins une fois par semaine, donc, ces chutes n'intéressent plus personne.

Peu importe. Ce qui compte, c'est que ce petit contretemps n'entrave pas les bonnes relations diplomatiques entre nos deux pays, et que je ne sois pas tenu pour responsable d'une crise internationale majeure !

Les villageois ont monté de nombreux stands où l'on peut boire et se restaurer. Margaret et Harvey tiennent l'un d'eux. Ils proposent leur tristement célèbre tourte à la viande. Et que font Alex et Justin dès qu'ils arrivent ? Ils prennent place dans la longue file d'attente pour en acheter une part ! Nos charmants parents d'accueil vendent aussi des billets de tombola, dont les lots consistent en des services, par exemple, « tonte de votre gazon », ou bien « nettoyage complet de vos sols ». Ces services n'étant valables que dix jours et expirant pile le matin de notre départ, j'ai l'intime conviction que cette coïncidence n'en est pas une... Mon glorieux ancêtre, Sherlock Holmes, serait fier de mes talents de déduction.

En fait, le joueur de cornemuse et sa jument sont des esclavagistes. Ça ne m'étonne pas. Rappelez-vous comment les Anglais ont fait fortune au XVIIIe siècle : en faisant traverser l'Atlantique en bateau à de pauvres Africains pour les vendre comme esclaves en Amérique !

L'esclavage est une tradition chez eux, tout comme le cricket et le thé.

Au milieu de la kermesse, je tombe sur Léna, en train de caresser un chien grognant de plaisir à ses pieds.

– Salut, Léna. C'est ton chien ?

– Mais bien sûr, il a passé clandestinement la frontière dans ma valise !

– Ah oui ?

Je me penche vers l'animal et tends la main pour le grattouiller entre les oreilles.

Il n'aime pas qu'on le grattouille entre les oreilles...

Aussitôt, il retrousse les babines, dévoile des canines acérées et pousse un grondement féroce ; il ne se calme que lorsque je retire ma main.

– Ce n'est pas mon chien, idiot, s'écrie Léna. Il s'appelle Hamlet. Il est à Charles. C'est un chien de chasse au pedigree exceptionnel. Tu te rends compte, son arbre généalogique remonte aux croisades. Génial, non ?

– Génial, c'est le mot !

Je ne lâche pas des yeux le lord canin. Il ne m'aime pas, je le sens. À tous les coups, il doit se douter que je vais bientôt démasquer son maître.

À ce propos, je dois préparer doucement Léna à la grosse déception qui l'attend.

– Léna, il va falloir que tu sois courageuse..., dis-je en cherchant mes mots. Charles n'est pas celui que tu...

Avant que je puisse continuer, l'intéressé apparaît, accompagné de son majordome. Aussitôt, Hamlet bondit et lui fait la fête.

Ce fourbe de lord profite de l'occasion pour baiser la main de Léna mais me réserve un accueil glacial. A-t-il compris que je sais tout, ou bien est-il toujours en colère à cause de l'incident de Stonehenge ?

Au moins, il ne menace pas de me mordre, lui.

– Il y a un stand de tir à l'arc, un peu plus loin. Tu veux essayer ? demande-t-il à Léna.

Je m'empresse de répondre à sa place, pour éviter d'être abandonné comme une vieille chaussette :

– Avec plaisir !

En Angleterre, ils tirent avec des arcs longs, comme celui de Robin des Bois. Je cherche la cible et finis par la repérer, loin, très loin de nous, à la lisière d'un petit bois.

– Quelqu'un a oublié la cible là-bas. Il faut aller la chercher, dis-je en jetant un coup d'œil explicite au majordome.

– Elle est à sa place, réplique Charles, cinglant. Si tu es myope, investis dans une paire de lunettes !

Je me concentre sur l'arc et fais semblant de ne pas l'avoir entendu. Pas facile à manipuler, cet engin... Pour le lord, en revanche, rien de plus facile : Nestor lui donne une flèche qu'il encoche sans effort sur l'arc, puis il le bande jusqu'à ce que le bois crisse.

La flèche jaillit, fonce tout droit comme une torpille à tête chercheuse, et se fiche en plein cœur de la cible. Les spectateurs – c'est-à-dire l'ensemble des habitants du village – applaudissent à tout rompre et lancent leurs chapeaux en l'air avec enthousiasme.

Ils ne peuvent pas faire autrement, les pauvres ! Ce sont les serfs de la cupide famille de Charles. S'ils ne battent pas des mains assez fort, ils devront livrer à leur seigneur deux fois plus de pommes de terre lors de la prochaine récolte. On ne peut pas vraiment leur en vouloir...

Léna, en revanche, n'est pas dans la même situation. Alors, pourquoi acclame-t-elle avec autant de vigueur ce tir qui n'est que le fruit du hasard ? Mystère.

Le conseil de Coolman n'est pas idiot, mais c'est un peu tard maintenant :

– À toi l'honneur, grince le lord, avec un sourire narquois, en me tendant une flèche.

Je jette un coup d'œil à Léna mais elle ne me regarde même pas ; elle contemple Charles, béate d'admiration, en répétant : « Quel tir extraordinaire ! », auquel elle ajoute parfois un « C'est vraiment incroyable ! ».

Je vais lui montrer, moi, qui est « vraiment incroyable » ! Ma flèche va couper en deux celle de ce maudit lord, je vais la réduire en petits morceaux, sur lesquels je me ferai un plaisir de signer des autographes. Puis je libérerai ces malheureux paysans... On se cachera dans les bois et on organisera la lutte contre l'oppresseur. Ce sera moi le chef. On m'appellera Arthur des Bois, défenseur des opprimés !

J'ai beaucoup de mal à tendre la corde. Et quand j'essaie tant bien que mal de viser, mes bras tremblent tellement qu'ils font vibrer la flèche. Je ferme les yeux et je lâche tout. La flèche s'envole, zigzague comme un pigeon qui viendrait d'ingurgiter un verre de whisky, file loin, très loin de la cible et disparaît dans la forêt.

Aucun applaudissement ne salue ma performance, aucun chapeau ne vole à ma gloire. Rien ne vient rompre le silence pesant, si ce n'est un lointain piaillement, suivi d'un léger frémissement de feuilles comme quand une pomme tombe d'un arbre.

Hamlet, les oreilles dressées, s'est changé en statue. Truffe au vent, il hume l'air et soudain, il démarre en trombe, galope dans la prairie, dépasse la cible, et s'enfonce dans le bois. Un jappement retentit, puis il réapparaît, avec dans la gueule un gros oiseau transpercé d'une flèche.

J'ai bien peur qu'il s'agisse de la mienne, de flèche.

Hamlet dépose le volatile aux pieds de Charles.

– C'est une outarde barbue, déclare ce snob d'un ton sentencieux. Je n'aurais jamais pensé qu'il en restait encore, car c'est une espèce extrêmement rare, quasiment éteinte. Enfin, maintenant, elle l'est...

– Oh non ! La pauvre bête ! soupire Léna en caressant le volatile.

Elle n'a pas fait tant de manières hier quand elle a mangé du faisan ! Mais bon, peut-être qu'il vaut mieux ne pas relever ce détail.

– Je la ferai empailler, de cette façon, elle ne sera pas morte pour rien, annonce le lord en me jetant un regard noir.

Je me justifie comme je peux :

– Je ne l'ai pas fait exprès ! Je ne suis pas assez bon tireur pour ça ! Si j'avais voulu la tuer, j'aurais certainement touché la cible à la place !

Personne ne m'écoute. Nestor ramasse l'outarde et l'emporte avec solennité à l'intérieur du château ; Léna, Charles et Hamlet lui emboîtent le pas, formant une sorte de cortège funèbre. La foule se disperse, et je me retrouve seul face à ma mauvaise conscience et à Coolman.

– Tout va bien, mec ?

– T'en fais, une tête !

Justin et Alex m'ont rejoint. Ils portent des jupes écossaises, qui leur donnent une allure bizarre.

Pour éviter de raconter mes exploits, je leur demande :

– C’est quoi, ces vêtements ?

– Des kilts écossais ! Des vrais de vrai ! Ils en vendent sur le stand, là-bas, s’enthousiasme Alex.

– C’est hyper pratique, ajoute Justin. Plus besoin de s’acharner sur la fermeture éclair de son fute en cas de besoin pressant ! T’as remarqué, on attend toujours la dernière minute pour aller pi...

Stop ! Mieux vaut lui couper la parole, plutôt que de subir les détails de ses aventures aux toilettes :

– Tu sais à quelle heure commence la régate ?

– Dans dix minutes.

– On vous a inscrits dans le même bateau que nous, Léna et toi, ajoute Alex.

Léna nous attend devant le pont-levis, où se trouve le point de départ de la course. Elle n'a pas l'air très enthousiaste à l'idée de naviguer avec nous. Sûrement à cause d'Alex et de Justin...

Deux bateaux sont amarrés devant le pont-levis, le nôtre et celui des Anglais. Les douves sont trop étroites pour qu'un plus grand nombre d'équipes s'affrontent. Charles a déjà embarqué avec son équipage : deux garçons et une fille. Les trois garçons sont assis à l'envers ! Les idiots ! Dans cette position, ils ne verront pas leur trajectoire ! Est-ce que je dois leur faire remarquer leur erreur ? Non, tant pis pour eux.

On s'assied dans le sens de la marche, ce qui n'est pas simple parce que l'embarcation tangue beaucoup. Je décide de motiver mes troupes :

– Écoutez-moi, vaillants pirates, nous allons écraser ces Anglais prétentieux et leur faire boire la tasse !

– Arrête de dire n'importe quoi, Arthur, s'insurge Léna. C'est une simple course, pas une bataille navale !

– Les écraser ? Oh oui, c'est cool, ça ! s'écrie Justin, les yeux brillants.

– On les écrase et après, on les noie ! propose Alex, en frappant de sa rame l'eau saumâtre qui macule aussitôt la veste blanche de Charles de grosses taches brunâtres.

Ils sont au taquet, c'est parfait : je n'ai aucune envie de me faire encore humilier par ce snob de Charles. Il va voir ce qu'il va voir !

Pas besoin d'être un génie pour mettre au point une telle stratégie !

Avant de donner le départ, le majordome récapitule les règles, que Léna nous traduit :

– Il faut faire le tour du château. Le premier arrivé au pont-levis a gagné...

– On a le droit de les attaquer ? demande Alex.

– J'aimerais bien, mais ça m'étonnerait..., dis-je en faisant la moue.

– Sans blague ? Mais on peut leur donner un bon coup de rame sur la tête, non ?

– N'y pense même pas ! grince Léna en lui lançant un regard furieux.

Pendant quelques secondes, je redoute que, sans combat direct, ni abordage, la régate ait perdu de son charme et qu'Alex et Justin renoncent à la course. Mais le coup d'envoi retentit avant qu'ils aient eu le temps de débarquer. En quelques coups de rames musclés, nos adversaires prennent le large.

Manifestement, ils appliquent à la lettre la tactique de Coolman. Ils ont dû nous espionner...

Mais ils dépensent de l'énergie pour rien, car on n'a toujours pas démarré.

Et si c'était nous qui étions assis du mauvais côté ?

Et si on ramait plus vite en étant installé dans le sens inverse de la marche ?

Et si, en fin de compte, la terre n'était pas ronde ?

Comment savoir ?

Mes seules expériences de navigation se résument à une demi-heure de pédalo sur un lac artificiel et une traversée en ferry durant laquelle j'ai dormi comme un loir...

– À gauche ! À droite maintenant ! Non, Alex, l'autre droite ! hurle Léna qui tente de nous diriger.

Au lieu de ramer en cadence, on n'arrête pas de croiser nos avirons. Alex et Justin doivent ramer d'une seule main car l'autre leur sert à tenir leurs kilts fermés. C'est le seul moyen d'épargner aux spectateurs la vision de leurs sous-vêtements. En supposant qu'ils en aient...

Les Anglais filent en tête, intouchables. Nous, ce sera un miracle si on arrive à terminer la course sans déclarer forfait...

Il a raison ! Malgré notre allure d'escargot, la distance qui nous sépare de nos adversaires ne cesse de diminuer. C'est curieux, on dirait que leur bateau est plus lourd qu'au début de la course. Je comprends pourquoi quelques minutes plus tard, lorsqu'on arrive à leur niveau : ils prennent l'eau ! En fait, ils sont en train de couler ! Charles a de l'eau jusqu'à la poitrine, la noyade est imminente...

J'ai lu que jadis, lors de batailles navales, la règle était d'accueillir à son bord les naufragés des bateaux adverses en péril... Mais là, c'est différent. Premièrement, Léna l'a souligné elle-même, on n'est pas en guerre, et deuxièmement, les douves ne sont pas très profondes.

– Qui est pour qu'on les sauve ?

On est contre, à quatre contre un. La voix de Coolman compte, bien entendu. De toute façon, Léna est en nette minorité. On se met à ramer avec force et on vole vers la victoire, sous les yeux médusés des canards et des cygnes à la fière allure qui s'écartent sur notre passage.

Quand on approche du pont-levis, le lord et son équipe sont déjà arrivés... à pied ! Ils ont remonté leur bateau à terre et sont revenus au point de départ de la course. Ils nous attendent, mais, manifestement, ils n'ont pas vraiment l'intention de nous féliciter.

– Sabotage ! hurle Charles en désignant la coque de leur bateau, percée d'un trou gros comme le poing.

Puis il nous lance une bordée d'injures en anglais, auxquelles je suis bien content de ne rien comprendre. Une douzaine de ses esclaves, l'air courroucé, brandissent des battes de cricket.

Pour une fois, Alex et Justin font preuve de jugeote et prennent la bonne décision : ils sautent à l'eau, regagnent la rive en courant et s'enfuient aussi vite que leurs kilts détrempés le leur permettent.

Ça ressemble à un aveu de culpabilité ou je ne m'y connais pas...

Quelle chance j'ai de convaincre les Anglais que je ne suis pas dans le coup, moi ? Aucune. Il ne me reste donc qu'une seule option : la fuite.

– Je suis innocent, par pitié, tu dois me croire ! crié-je à l'attention de Léna avant de sauter.

Je patauge dans la vase jusqu'à la rive et je m'agrippe à la végétation pour me hisser hors de l'eau.

Puis je prends mes jambes à mon cou.

Tel que c'est parti, il faudra des années avant que les relations diplomatiques entre nos deux pays reprennent un cours à peu près normal. D'ici là, il ne me reste plus qu'à me cacher dans la forêt, et à vivre dans la clandestinité avec Alex et Justin.

Pas le choix.

8

UNE VISITE FANTÔME

Après avoir claqué des dents pendant deux heures dans le bois humide, sans rien d'autre à se mettre sous la dent que des bourgeons, Alex et Justin, mouillés jusqu'aux os, décident de rentrer pour enlever les kilts détrempés qui collent à leurs cuisses. Ils prennent le chemin du retour dès que retentit au loin la cornemuse annonçant le coucher imminent de Margaret et Harvey.

Quant à moi, pas question de capituler aussi vite ! Une expédition de la plus haute importance m'attend. Avant leur départ, j'ai demandé à Alex et à Justin de me montrer l'entrée du souterrain secret, bien cachée derrière des noisetiers. Elle n'est pas plus grande qu'une bouche d'égout, une preuve supplémentaire que les villageois de l'époque étaient bien plus petits que nous.

Je m'installe sous un vieux hêtre, où le sol est à peu près sec, et j'attends qu'il fasse nuit pour filer au château chercher le chapeau du glorieux ancêtre de Charles. Enfin, j'aurai la preuve formelle que ce lord de pacotille n'est qu'un minable escroc, et Léna arrêtera une bonne fois pour toutes de l'idolâtrer.

C'est ma dernière chance de lui ouvrir les yeux.

Je grignote quelques bourgeons de hêtre, qui me changent de mon régime biscuits, tout en tendant l'oreille : le hululement d'une chouette toute proche répond aux aboiements d'Hamlet qui résonnent depuis le château. Soudain, des frissons agitent les feuilles des arbres, et une douzaine de grands oiseaux atterrissent sous mon nez. Il me suffirait de tendre le bras pour les caresser, mais je préfère rester immobile pour ne pas les effrayer. Ils ressemblent comme deux gouttes d'eau au malheureux volatile que j'ai transpercé d'une flèche. Aucun doute, ce sont des outardes barbues !

D'autres ne tardent pas à les rejoindre ; en fait, il en sort de tous les côtés, il y en a des dizaines... C'est le jour de leur grand rassemblement annuel, ma parole !

Je croyais que c'était une espèce en voie d'extinction...

Mon œil, oui !

Ce fourbe de Charles a menti, histoire de me faire passer pour un monstre aux yeux de Léna !

Il va le payer très cher...

Non merci, Coolman, cette fois tu ne m'auras pas. Je n'ai aucune envie de défier à nouveau Charles en duel. Non pas que je n'aie aucune chance de le battre, mais à quoi bon risquer une défaite ?

Je vais poursuivre mon plan comme prévu, et il va comprendre sa douleur. J'ai hâte d'y être !

Les outardes barbues ont terminé leur réunion au sommet et se dispersent dans les buissons voisins. Je murmure à leur intention :

– Sincères condoléances pour votre camarade...

À mon grand soulagement, elles n'ont pas l'air de trop m'en vouloir. Peut-être que l'oiseau que j'ai tué était un casse-pieds prétentieux, comme Charles, et qu'elles sont soulagées d'en être enfin débarrassées ?

Lorsqu'elles ont disparu, je jette un coup d'œil à ma montre : presque minuit. Il est temps de partir !

Je prends une profonde inspiration et je m'engouffre à quatre pattes dans le tunnel en fredonnant, histoire de prévenir les rats et les autres résidents éventuels des lieux qu'il est temps de déguerpir :

Notre amour est allé droit au but
Car il n'a duré que cinq minutes,
Mes sentiments pour toi sont si forts,
Que j'ai le cœur mou, comme du roquefort.

Curieusement, c'est la seule chanson qui me vient à l'esprit...

Un léger grattement m'indique que la stratégie est bonne. Pour une fois, je dois reconnaître que je suis content d'avoir Coolman près de moi. OK, il me tape sur les nerfs, et ses conseils ne servent à rien, mais au moins, il est toujours là pour moi. Toujours...

Au bout d'une demi-heure, j'ai les genoux en compote, mais la sortie est proche. L'eau qui goutte du plafond me laisse penser que j'ai atteint les douves. Encore quelques minutes, et j'arrive dans la cave du château. Je grimpe les escaliers qui mènent à la salle des chevaliers, où règnent l'obscurité et le silence.

Tout se passe comme prévu dans mon plan astucieux, décomposé en quatre points :

1) Attendre la nuit.

Fait !

2) Pénétrer dans le château par le souterrain.

Fait !

3) Rejoindre sans bruit la salle des chevaliers.

Fait !

4) Trouver le chapeau de l'amiral Nelson.

C'est comme si c'était fait !

Pour le 1), le 2) et le 3), ça a été un jeu d'enfant. Le 4) risque d'être un tout petit peu plus compliqué, parce que je n'ai absolument aucune idée d'où chercher ce fichu chapeau ! Impossible que Charles l'ait remis en vitrine.

Qu'est-ce qu'il a bien pu en faire ? Une horloge sonne les douze coups de minuit. Il me reste environ cinq heures avant que Nestor se lève pour préparer le petit déjeuner de son maître.

Eurêka ! C'est vrai que c'est un raisonnement à la Coolman, mais j'aurais dû y penser ! C'est la meilleure cachette possible !

Réfléchissons : chez nous, les armoires à vêtements sont dans les chambres. Il n'y a aucune raison que ce soit différent en

Angleterre. Léna m'a raconté qu'elle voyait le village de sa fenêtre, ce qui veut dire que sa chambre se trouve tout en haut de la tour.

J'emprunte l'escalier, sur les murs duquel sont accrochés des portraits de famille. Manifestement, l'arbre généalogique de Charles est encore plus impressionnant que celui d'Hamlet. Les tableaux sont très anciens, et je suis certain que, si la peinture sur toile avait existé à l'âge de pierre, il y aurait même le portrait d'un homme de Neandertal !

Les escaliers débouchent sur un couloir, et je me retrouve face à deux portes. Aucun bruit derrière la première, en revanche un ronflement sonore résonne derrière la seconde.

Je parie que c'est la chambre de Charles.

Pourquoi ?

1) Parce que Léna ne ronfle pas, c'est évident.

2) Parce que le pauvre Nestor doit certainement dormir dans la cuisine, enchaîné à la gazinière, sur une botte de paille qu'on ne lui change qu'une fois toutes les quatre semaines, et encore...

Impressionné par la justesse de ma propre analyse, je pénètre sur la pointe des pieds dans la chambre. Charles dort dans un immense lit à baldaquin. Il est blotti sous la couette et l'on ne voit que les contours de sa silhouette. Il ronfle encore plus fort qu'Alex et Justin réunis. Comment peut-il dormir aussi profondément avec tout ce qui pèse sur sa conscience ?

Je m'approche à pas de loup de l'armoire dont la porte est entièrement sculptée. Grâce à la lumière argentée de la lune qui filtre à travers les volets à claire-voie, je distingue la gravure d'un dragon en train de se faire décapiter par un chevalier, sans doute un glorieux ancêtre du ronfleur.

Ce type est encore plus gonflé que je ne le croyais ! Dire qu'il a osé me reprocher d'avoir tiré par mégarde sur un oiseau qui est en surpopulation dans les forêts environnantes, alors que sa famille est responsable de l'éradication des dragons en Europe de l'Ouest !

AU SECOURS ! Je suis encerclé de meurtriers sanguinaires ! Je ferais bien de m'éclipser avant qu'Exterminator Junior s'aperçoive que je suis en train de fouiller dans son armoire et me coupe la tête en représailles, comme son arrière-arrière-arrière pépé l'aurait fait...

De toute façon, il n'y a pas de chapeau ici... Rien que des robes d'été, des jupes courtes, des T-shirts roses et des jeans ornés de cœurs brodés. Je sors une robe avec un imprimé rouge et blanc et je pouffe en imaginant Charles dedans. Mais peut-être est-ce tout à fait habituel, dans ce pays où les hommes se promènent en kilt, que les garçons mettent des robes !

Non, le chapeau n'est pas là. Mais aucun des habits coûteux du lord non plus. En fait, il n'y a aucun vêtement masculin dans cette penderie. Un doute affreux m'envahit. Et si...

Au même instant, un cri perçant retentit derrière moi.

Ce n'est pas la voix de Charles, hélas !

Ce n'est pas celle du majordome, deux fois hélas !

Ce n'est pas celle de Coolman, trois fois hélas !

C'est celle de Léna !

Elle est assise sur son lit et me fixe, les yeux exorbités, comme si j'étais le fantôme d'un des ancêtres dont le portrait est suspendu dans la cage d'escalier.

– Chuuuut ! C'est moi, Arthur... Ne hurle pas comme ça, pitié !

– Arthur ? Qu'est-ce que tu fabriques dans ma chambre ?

Elle a beau parler normalement, le volume sonore est encore bien trop élevé.

– Pourquoi est-ce que tu fouilles dans mes affaires ? ajoute-t-elle en me jetant un regard suspicieux.

Je ne peux pas lui en vouloir, à sa place, j'aurais posé la même question...

Je m'empresse de fourrer dans l'armoire la robe que je tiens toujours à la main et je bredouille :

– Rien... Rien du tout ! Fais comme si je n'étais pas là, rendors-toi !

– Compte là-dessus ! Alors ? Qu'est-ce que tu fais ici ?

Bof, je ne suis pas convaincu. Et puis, j'ai un mauvais souvenir de *Roméo et Juliette*. Mes parents ont interprété les rôles principaux de cette pièce de théâtre et...

Bref, passons.

Qu'est-ce que j'ai d'autre, comme choix ? Lui dire la vérité ?

Sans preuve, Léna ne croira jamais que son lord vénéré est un escroc et un menteur éhonté. Tant pis, je me lance :

– Je... Je... Je suis venu pour... pour... faire comme Roméo et Juliette !

– Roméo et Juliette ?

Elle me regarde comme si j'avais perdu la boule.

– Voyons, Arthur, Roméo attendait sous le balcon de Juliette, pas dans sa chambre !

Un à zéro pour Léna.

Deuxième essai :

– Comme le prince de Raiponce, alors ?

– Je te signale qu'il est resté devant la tour et n'a certainement pas été fourrer son nez dans les fringues de la princesse !

Deux à zéro pour Léna.

Fichu pour fichu, autant lui dire la vérité :

– OK, je cherche le chapeau de l'amiral Nelson.

– Le chapeau de Nelson ? Mais il a été volé !

– Non, justement ! Je suis convaincu que Charles l'a caché pour toucher la prime de l'assurance. Je cherche une preuve...

Léna éclate de rire. On doit l'entendre à un kilomètre à la ronde !

– Moins fort, s'il te plaît !

– Arthur, pas besoin de mentir, tu peux bien me le dire, que tu es venu me demander pardon !

? ? ?

Vous y comprenez quelque chose, vous ?

Moi non plus.

Je commence par lui raconter un mensonge, elle ne me croit pas. Et quand je lui dis la vérité, elle ne me croit pas non plus et me réclame encore un mensonge !

J'ouvre la bouche pour répondre à Léna, quand j'entends Charles et Hamlet dans le couloir.

– Tout va bien, Léna ? demande celui-ci (Charles, pas Hamlet...).

Le légendaire savoir-vivre anglais, qui interdit à un garçon d'entrer dans la chambre d'une jeune fille sans y avoir été invité, me donne quelques précieuses secondes pour résoudre une question cruciale : comment sortir de ce guêpier ?

Allô, Coolman ?

Bien entendu, pour une fois que ses conseils me seraient utiles, il est muet comme une carpe. Et pourtant, son imagination débridée serait la bienvenue, car la raison et la logique ne peuvent plus rien pour moi. Ce qu'il me faut, c'est une idée délirante...

Une idée à la Coolman, quoi !

Charles, devant la porte, attend toujours que Léna l'autorise à entrer. Soudain, la pendule sonne une heure du matin, l'heure des fantômes...

Hé, la voilà, l'idée loufoque qui va me tirer de ce mauvais pas ! J'attrape le couvre-lit blanc qui traîne par terre et je me le mets sur la tête en criant aussi fort que possible :

– Hou, hou, hou !

Léna joue le jeu : elle se met à hurler comme une folle. On croirait vraiment qu'elle est morte de peur !

Toujours déguisé, je cours jusqu'à la porte, l'ouvre à la volée, et me retrouve nez à nez avec Charles qui tient Hamlet par le collier. Aussitôt, le chien se met à grogner... Il m'a reconnu, c'est sûr. Tant pis, le plus important, c'est que le lord n'y voie que du feu et, de ce côté-là, pas de souci : livide, il recule à petits pas en bredouillant :

– La du... La duduche... La duchesse outragée ! Elle est revenue !

J'aurais été étonné qu'aucun des ancêtres de cette noble famille ne hante le château...

Charles fait demi-tour sans demander son reste et s'enferme dans sa chambre. Hamlet, bien plus courageux que son maître, aboie comme un fou et attrape un pan du couvre-lit pour me l'arracher.

Je siffle entre mes dents :

– Couché !

Aucun résultat.

– *Down*, Hamlet ! crie Léna depuis son lit.

Victoire ! Le molosse lâche le tissu et se couche gentiment devant moi. J'aurais dû me douter que cette sale bête ne comprenait que l'anglais...

– Merci ! crié-je à Léna en dévalant les escaliers.

Nestor est en train de traverser la salle des chevaliers. Dès qu'il m'aperçoit, il se signe et murmure :

– Que Dieu nous vienne en aide, la duchesse outragée est de retour !

Je voudrais bien savoir qui était cette bonne femme qui leur fait si peur, mais l'heure n'est pas aux histoires de fantômes. La voie est libre, et je m'engouffre dans la cave en poussant des « Hou, hou, hou ! » lugubres. Il ne me reste plus qu'à ramper dans le tunnel jusqu'à la forêt.

Bilan de l'aventure : positif.

Car, même si je n'ai pas retrouvé le chapeau de Nelson, j'ai réussi à :

1) Infliger une peur bleue à Coolman.

2) Infliger une peur bleue à Charles.

3) Montrer à Léna que j'avais infligé une peur bleue à Charles.

4) Voir que Nestor ne dort pas enchaîné à une gazinière comme je le craignais.

Ce soir, je me sens un peu l'âme d'un Roméo.

Léna ne m'a pas trahi. Au contraire, elle a fait semblant d'avoir peur du fantôme alors que rien, absolument rien, ne l'y obligeait !

C'est bon signe, ça...

J'escalade le balcon, euh, l'échelle, et je regagne mon lit pour dormir un peu avant le lever du jour.

9

LONDRES, ENFIN !

Rien de marquant ne se produit les jours suivants. Suite au fiasco de la régate, nos relations avec nos hôtes sont plutôt moroses ; les Anglais ne nous adressent plus la parole, ce qui finalement ne change pas grand-chose vu que, de toute façon, je ne comprends pas un mot de leur patois bizarre.

Je ne vois Léna que le matin, en cours. Elle passe beaucoup de temps avec Charles, très perturbé depuis sa rencontre nocturne avec la duchesse outragée.

J'ai un peu mauvaise conscience, quand même.

Mais bon, juste un tout petit peu...

Alex et Justin ont étendu leurs expériences élastiques aux moutons. Pour l'instant, ils n'ont obtenu aucun résultat, si ce n'est de créer une pénurie de bracelets en caoutchouc dans l'unique petit magasin du village. Seules inconnues chaque jour, l'épaisseur du brouillard et la taille des gouttes de pluie. Mes vacances sont aussi mornes que le son de la cornemuse d'Harvey, et je compte les biscuits qui me séparent du retour à la maison...

Proposition : pour vous éviter de mourir d'ennui, comme moi, on fait un saut de dix jours dans le temps et on arrive directement au seul passage intéressant du séjour. Ça vous va ?

Parfait, j'appuie donc sur la touche « Avance rapide ».

Nous voilà donc dix jours plus tard, le vendredi aux aurores, pour être précis.

Demain, c'est enfin le départ ! À notre grande surprise, notre accompagnateur est réapparu hier. Pour terminer en beauté nos merveilleuses vacances, il a décidé de nous emmener passer la journée à Londres. Le *vrai* Londres.

Si, si, on fait vraiment une excursion dans le centre de Londres, et pas dans une lointaine banlieue ! En tout cas, c'est ce qu'il a promis.

Alex et Justin n'ont pas voulu venir.

– Ça va, on la connaît par cœur, la ville, maintenant : c'est naze ! a déclaré Alex en désignant l'unique rue du village.

– En plus, notre premier mouton ne va pas tarder à rebondir, on peut pas manquer ça ! D'ailleurs, si tu trouves des élastiques, on est preneurs. Ici, ils sont en rupture de stock, ajoute Justin.

Il faut reconnaître qu'ils ont de la suite dans les idées !

Coolman est du genre possessif. Pour ne pas attiser sa jalousie, j'évite de lui dire que Léna participe à l'excursion. Seule.

Charles ne peut pas l'accompagner, il est trop occupé. Si j'ai bien compris, aujourd'hui il doit : enregistrer en studio une nouvelle chanson avec le groupe Coldplay, faire gagner une finale à son équipe de foot, et, cet après-midi, accueillir à l'aéroport un bébé gorille abandonné par sa mère, dont il a organisé par Internet le sauvetage ; ensuite, il doit l'accompagner jusqu'à son nouveau foyer, un zoo de la région.

Je hais ce type !

Je monte dans le bus sans donner de CD au chauffeur. D'ailleurs, par sécurité, je n'en ai pas emporté... Je me suis contenté de fourrer dans un sac deux ou trois affaires qui pourront m'être utiles à Londres. Juste au cas où...

Léna est déjà installée sur un siège près d'une fenêtre ; il n'y a personne à côté d'elle.

Je lui demande :

– La place est libre ?

– Tu vois quelqu'un ? rétorque-t-elle. Tu penses peut-être que l'homme invisible est assis près de moi ?

Le ton n'est pas désagréable et, si elle répond par une boutade à ma question idiote, je ne peux m'en prendre qu'à moi-même, j'aurais dû trouver autre chose à lui dire : « Bonjour », par exemple ! De toute façon, elle ne peut pas savoir, pour Coolman...

Je murmure en m'asseyant :

– Non, bien sûr. Ce genre de créature n'existe pas, tout le monde le sait !

Pendant le voyage, Léna regarde la pluie qui tombe toujours aussi fort. Je me force à tenir ma tête bien droite, car si je la tourne pour contempler le paysage, elle va croire que je la dévisage. Mieux vaut fixer le dossier du siège avant et réfléchir à quelque chose d'intelligent à dire...

Après une heure de réflexion, alors qu'on roule dans la banlieue de Londres, je pose enfin une question :

– Tu sais qui c'était, toi, cette « duchesse outragée » ?

Léna se retourne vers moi, un sourire moqueur aux lèvres.

– Eh bien, il t'en a fallu du temps avant de te décider à ouvrir la bouche !

Elle m'explique que la duchesse outragée est l'arrière-arrière-arrière-grand-mère de Charles et qu'elle hante le château depuis deux cents ans, car son âme n'arrive pas à trouver la paix.

– Pourquoi ?

– À cause d'un pique-nique auquel elle n'a pas été invitée.

– Et...

– Et c'est tout. Elle était tellement sûre d'assister à ce pique-nique, qui était organisé par le lord voisin et devait réunir tout le gratin du comté... Sa tenue, son ombrelle, le panier en osier, tout était prêt ! Elle avait même demandé à sa cuisinière de préparer pour l'occasion son fameux cake au whisky qu'elle aurait partagé avec les autres convives au dessert ! Sauf qu'elle n'a jamais reçu de carton d'invitation. Une humiliation mortelle à laquelle elle n'a pas survécu. Et comme son âme est un peu rancunière, elle se venge en hantant le château...

Je ne sais pas ce que vous en pensez, mais moi, je suis un peu déçu. Je m'attendais à quelque chose de plus spectaculaire, de plus sanglant, de plus film d'horreur, quoi !

Le chauffeur nous arrête sur une grande place de Londres appelée « Piccadilly Circus ». Contrairement à ce que son nom laisse entendre, aucun chapiteau de cirque ne s'y dresse. On nous donne rendez-vous au bus dans quatre heures.

L'organisateur entraîne le groupe vers le musée de Madame Tussaud, pour voir des stars. Pas des vraies, des statues en cire, censées être leur réplique. J'ai étudié le prospectus du musée : en fait, les mannequins ne ressemblent pas du tout à leurs modèles.

On ne différencie David Beckham d'Angela Merkel qu'à la jupe ! Et encore, qui sait si ce n'est pas David qui porte le kilt ? De toute façon, Léna a d'autres projets.

– Viens, on va à Hyde Park, s'écrie-t-elle. J'ai promis à ma mère de photographier la fontaine dédiée à la mémoire de la princesse Diana et de lancer une pièce dans le bassin !

Sa promesse me rappelle celle que j'ai faite à Rodolphe Schmitz. Sa lettre pour la reine est dans ma poche. Si j'ai un espoir de la lui remettre, c'est aujourd'hui ou jamais ! J'ai quatre heures pour accomplir ma mission.

En attendant, je décide d'accompagner Léna à Hyde Park. Le lord lui a donné un plan de la ville sur lequel il a entouré tous les endroits merveilleux qu'il a visités. Il y a tellement de ronds rouges sur la carte qu'on a du mal à distinguer le nom des rues...

Grâce aux bruits de la circulation, les gargouillements de mon estomac passent inaperçus. J'ai terminé mon dernier paquet de biscuits hier soir et je meurs de faim !

Coolman ne se doute pas à quel point la vie est chère à Londres. J'ai jeté un coup œil aux menus des restaurants : les prix sont astronomiques ! Cela dit, son idée n'est pas mauvaise. Oublions le homard et les cuisses de grenouilles, une pizza fera très bien l'affaire. Seulement voilà, elles coûtent les yeux de la tête, ici ! Je n'ai pas assez de sous pour en offrir une à Léna, même si on la partage en deux.

Mon père aussi a invité ma mère à dîner la première fois qu'ils sont sortis ensemble. Il espérait qu'elle ne prendrait qu'une petite salade, pour ne pas grossir. Eh bien, il se trompait ! Elle a commandé la quasi-totalité des plats qui figuraient sur la carte, si bien qu'au moment de payer il n'a pas eu assez d'argent pour laisser un pourboire au pauvre serveur, qui s'était pourtant démené pour rassasier ma mère !

Trois conseils, fruits de cette expérience, m'ont été donnés par mon père :

1) N'inviter une fille au restaurant que si elle est au régime.

2) Sinon lui payer un hot dog et des frites. Si elle vous aime vraiment, elle sera contente tout de même.

3) Mais attention, éviter les bouis-bouis portant des noms infâmes comme *Au Roi de la Patate* ou *Le Paradis des Gorets* !

Léna m'interrompt dans ma réflexion :
– Qu'est-ce qu'il y a là-dedans ?

Elle tend l'index vers le sac en plastique que je tiens à la main.
– Des bricoles, rien d'important...

Et pour éluder la question, j'enchaîne aussitôt :
– Est-ce que tu es au régime ?
– Quoi ? Dis tout de suite que tu me trouves grosse ! Goujat !
– Non, non, pas du tout ! En fait, je voudrais t'inviter à déjeuner, mais ce serait vraiment dommage que tu ne puisses rien manger parce que tu aurais eu l'idée folle de te mettre au régime, alors que, justement, tu n'en as absolument pas besoin...

L'expression furieuse du visage de Léna est aussitôt chassée par un sourire lumineux. Sauvé !
– Charles ne m'a jamais invitée à déjeuner, murmure-t-elle. D'ailleurs, je le soupçonne d'être un peu radin...

En plein dans le mille ! Je jubile intérieurement, sans rien en laisser paraître, car Léna vient de me donner une preuve supplémentaire que ce snob de Charles est fauché et compte sur le chapeau de l'amiral Nelson pour renflouer ses finances.

– J'adore les sushis, s'écrie-t-elle soudain. Et toi ?

– Moi aussi. Malheureusement je suis allergique au poisson cru.

Il faut bien que je trouve une excuse : les sushis sont encore plus chers qu'une pizza !

– Et si on allait là-bas ?

Je lui montre le camion de *fish and chips* garé juste en face. Il ne paie pas de mine mais, au moins, les prix doivent être corrects.

Léna fait la grimace, peut-être à cause de l'odeur de graisse qu'il dégage ? Le camion s'appelle *Au Grand Gourmet*, ce qui est tout de même plus classe que *Le Paradis des Gorets* !

Il aurait pu me le dire plus tôt! Je ne peux plus reculer maintenant: c'est à moi de commander! En m'exprimant par gestes, j'achète deux portions de *fish and chips*, des filets de poisson panés accompagnés de frites, la grande spécialité locale, aussi répandue en Angleterre que le sandwich jambon-beurre chez nous.

Le vendeur me pose une question que je ne comprends pas, à laquelle je réponds par un vague hochement de tête ; Léna, elle, fait un geste négatif. Même si l'huile de friture, qui n'a pas dû être changée depuis au moins dix ans, sent le rance, je suis fou de joie à l'idée de manger des frites. Après deux semaines au régime biscuits secs, c'est un festin digne du homard ou des cuisses de grenouilles !

Le vendeur tend un sachet graisseux à Léna, puis il prépare mes frites ; avant de me les donner, il saisit une bouteille en plastique et les asperge d'un liquide dont l'odeur âcre ressemble à celle du...

Du vinaigre !

– Je trouve ça super que tu mettes du vinaigre sur tes frites, comme les vrais Anglais. J'admire toujours les gens qui font l'effort de s'adapter aux coutumes locales. Dommage que je déteste le vinaigre, sinon j'aurais fait comme toi, déclare Léna.

Après ça, je peux difficilement avouer qu'il s'agit d'un regrettable problème de compréhension. Les frites imbibées de vinaigre sont encore plus infectes que la tourte à la pâtée pour chats de Margaret...

Bientôt je sens les frites au vinaigre attaquer au marteau-piqueur les parois de mon estomac. Les regards admiratifs de Léna me réconfortent un peu mais n'atténuent pas les nausées qui me soulèvent le cœur.

Une boutique de souvenirs trône à l'entrée de Hyde Park. Un peu plus loin, des orateurs juchés sur des estrades haranguent le public.

– Oh, *Speaker's Corner* ! On l'a en photo dans notre livre d'anglais, s'écrie Léna, enthousiaste. Tous ceux qui veulent prendre la parole peuvent le faire ici !

Elle file à la boutique pour acheter des babioles. Impossible pour moi de ramener le moindre cadeau : il ne me reste plus rien, mes derniers pennies sont passés dans les *fish and chips*. En attendant que Léna ait fini ses achats, je flâne parmi les conférenciers, des hommes âgés pour la plupart. Tiens, une jeune fille ! Pieds nus, elle porte une longue robe multicolore et une couronne de fleurs dans ses cheveux roux teints au henné. Son discours, un peu confus, évoque l'amour et la paix. C'est drôle, j'ai l'impression de l'avoir déjà vue quelque part... Apparemment, c'est réciproque : elle m'adresse un petit signe de la main, descend de son podium, et vient à ma rencontre.

– *Peace and love*, Arthur ! me crie-t-elle en guise de salut.

Pas besoin d'être bilingue pour comprendre que ça veut dire « Paix et amour ».

– Anti ?

– Appelle-moi Opti, mon frère ! répond Anti.

– Opti ?

– Pour « Optimiste », m'explique-t-elle, tout sourire.

Et elle me raconte qu'à son arrivée à Londres elle a rencontré des hippies. Ils l'ont convaincue que la vie est belle et que la paix dans le monde est possible, à condition d'y croire. Pareil pour les catastrophes météorologiques et les retards des trains : il suffit de le vouloir pour que les choses changent. L'homme pourrait même voler par la seule force de sa pensée !

Tout est possible, affirment les nouveaux amis d'Anti. Oh pardon, d'Opti.

Vous voulez mon avis ? Ces types-là sont un peu dérangés, ou drogués, ou les deux. À Noël, j'ai espéré comme un fou que mes parents allaient m'offrir un hamster. Résultat : au pied du sapin, il y avait... une boîte de Lego !

Si la technique ne marche pas pour les petites choses de la vie, comme un hamster, comment voulez-vous que ça fonctionne pour la paix dans le monde ?

Les hippies ont transformé la vie d'Opti. Elle habite avec eux dans des tentes, à Hyde

Park. Quand elle ne chante pas des chansons pacifistes, elle se consacre à la méditation. Et elle a abandonné ses vêtements noirs et sa chevelure aile de corbeau.

– Les couleurs vives émettent une énergie bien plus positive que le noir ! conclut-elle en souriant. La vie est belle, Arthur ! Vive la paix !

Je crois que je n'ai jamais vu Anti-Opti sourire autant, même si on ne voyait pas toujours très bien son visage, à cause du rideau de cheveux qui le dissimulait... Mais bizarrement, je me demande si je ne préférais pas l'ancienne Anti à cette joyeuse illuminée.

– Tu rentres avec nous demain, ou tu restes ici ?

Imaginons qu'elle réponde non à la première question et oui à la seconde, que vais-je dire à mes parents ?

Cher papa, chère maman. D'abord la bonne nouvelle : *Anti, c'est fini. Désormais, elle s'appelle Opti, et tout son attirail noir est relégué aux oubliettes. La mauvaise nouvelle, maintenant* : *elle est devenue complètement givrée. Elle vit dans un campement hippie installé dans un parc de Londres et veut sauver le monde grâce à la toute-puissance de sa pensée...*

– Je rentre avec vous, bien sûr ! s'exclame ma sœur. Chez nous, les gens sont bien trop négatifs, il faut que je leur apporte mon message de paix. En plus, j'ai vraiment besoin d'une douche. Le bus repart à quelle heure ?

– Dans deux heures.

– Parfait, on se retrouve là-bas. Je vais dire au revoir aux autres. *Peace*, mon frère !

Elle part en courant mais se retourne au bout de quelques mètres.

– Au fait, qu'est-ce que tu as dans ton sac ?

– De quoi me changer si je suis trop mouillé.

– Bravo, c'est très positif d'être prévoyant !

Et elle disparaît dans le parc.

– On va voir la fontaine de la princesse Diana ?

C'est Léna. Elle a fini ses achats et me tapote l'épaule. Je suis tellement absorbé par la contemplation d'Anti-Opti, que je ne l'ai pas vue arriver.

– Désolé, Léna. Je ne peux pas t'accompagner. J'ai quelque chose d'important à faire.

– Ah oui ? Qu'est-ce qui peut être plus important que de m'accompagner ? demande-t-elle, le visage fermé.

Je vais lui dire la vérité. Elle va comprendre. Elle *doit* comprendre...

– Il faut que je remette à la reine une lettre d'amour écrite par l'un de mes amis. Ils sont sortis ensemble quand ils étaient jeunes, en Australie. Je lui ai promis que j'irais.

Les yeux de Léna s'embuent. J'en étais sûr ! Une histoire aussi romantique ne pouvait que la toucher !

– Dis plutôt que tu as donné rendez-vous à cette foldingue ! siffle-t-elle d'une voix glaciale. Tu crois que je ne t'ai pas vu discuter avec elle tout à l'heure ?

– Mais non enfin, c'est ma sœur !

– Menteur ! Je la connais, ta sœur, elle est toujours en noir, alors que la nana que tu viens de draguer ressemble à un arc-en-ciel. Tu ne changeras jamais, Arthur ! Tu m'as déjà fait le coup à la fête costumée de l'école, quand tu as embrassé Anna.

– C'était un malentendu ! Et là aussi, crois-moi !

Mais Léna n'écoute déjà plus.

– Tiens, je t'avais acheté ça, tu n'auras qu'à l'offrir à ta nouvelle copine hippie ! Je te déteste !

Elle jette à mes pieds un sachet brun et s'enfuit en courant.

Je ramasse le paquet et l'ouvre : à l'intérieur, il y a une petite cabine téléphonique rouge en plastique qui dit « *Call me* » quand on l'ouvre ; pas besoin d'être un as en anglais pour savoir que ça veut dire « Appelle-moi ». Je ne sais pas pourquoi, mais quelque chose me dit que Léna me raccrochera au nez si jamais je l'appelle la semaine prochaine...

Tout ça à cause du fichu changement de look de ma sœur !

Merci, Anti-Opti !

Et vive la paix dans le monde !

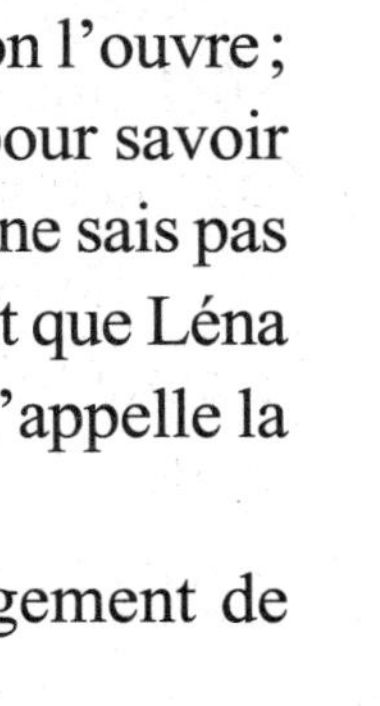

10

AUDIENCE ROYALE

Londres est une ville bien plus petite que je ne m'y attendais. D'accord, c'est quand même plus grand que le patelin dans lequel on nous a relégués, mais pas non plus tant que ça. Piccadilly Circus, Hyde Park et Buckingham Palace sont proches les uns des autres, comme le confirme le plan de Léna. Charles a tracé une grosse croix rouge sur le palais de la reine, pour bien souligner qu'il s'y est rendu à plusieurs reprises. Non pas en touriste, mais en invité ! Les membres de la famille royale l'invitent souvent à prendre le thé, s'est-il empressé de raconter à Léna...

Il va bientôt moins faire le malin, ce prétentieux ! J'ai deux lettres à remettre à la reine. La première est celle de Rodolphe Schmitz ; la seconde, c'est moi qui l'ai écrite. Elle contient une liste d'arguments sérieux prouvant que Charles est un escroc qui veut arnaquer l'assurance en tirant profit d'un trésor du patrimoine national anglais : le chapeau de l'amiral Nelson.

J'hésite à emprunter l'un des fameux bus londoniens à étage, mais ça ne vaut pas le coup. Le trajet est trop court, et la queue à l'arrêt de bus trop longue ! Je me suis aperçu que les Anglais ont la faculté extraordinaire d'attendre patiemment en file indienne, sans jamais rouspéter, ni essayer de doubler ! Exactement comme notre prof nous l'avait expliqué en introduction au chapitre « Ce qui nous différencie des Anglais ».

Comme je ne veux pas créer de nouvel incident avec les Britanniques, et que je n'ai pas le temps d'attendre, je décide plutôt de marcher. Après tout, ces bus n'ont rien d'extraordinaire, on a presque les mêmes chez nous. Je ne comprends pas pourquoi les Anglais en sont si fiers. Peut-être parce qu'ils sont rouges ? C'est plus discret quand on écrase un piéton, les taches de sang se voient moins !

Quelques minutes plus tard, je me retrouve devant Buckingham. Le palais est fermé ; il n'est ouvert au public que quelques jours par an. Pas grave, je ne m'attendais pas non plus à trouver la reine en train de faire visiter elle-même ses vingt-cinq salles de bains aux touristes !

Il faut que je trouve un autre moyen d'entrer.

Un nombre impressionnant de soldats armés gardent le portail principal. Ils portent des vestes rouges et des bonnets en authentique poil d'ours qui ressemblent à des couvre-œufs géants. Je me demande comment ils font quand leurs bonnets sont abîmés. Même les plus solides doivent finir par s'user !

Comment ça se passe, alors ?

L'ours est une espèce protégée en voie d'extinction ; et puis d'ailleurs, ce genre d'animal ne doit pas se laisser tondre comme un mouton sans rechigner.

Ils viennent d'où, les bonnets ?

Est-ce que c'est le zoo qui fournit la peau de l'ours ?

Ou bien est-ce que la reine possède des élevages secrets avec des ours enfermés dans des cages minuscules qui végètent jusqu'au jour de leur sacrifice ?

Mais assez bavardé ! Passons aux choses sérieuses. Je longe la grande grille du château dans l'espoir de trouver un moyen d'entrer discrètement, mais il y a des caméras de surveillance tous les cinq mètres, comme partout dans Londres, d'ailleurs.

Je lève la tête : la grille est très haute et surmontée de flèches acérées. Impossible de la franchir. Je continue de la longer en attendant de trouver une faille. C'est comme au football. Il faut tenir jusqu'à ce que l'adversaire commette une faute, puis en profiter pour marquer un but. Mon but à moi étant bien sûr de remettre ma lettre à sa destinataire.

À ce propos, comment être sûr que la reine est là ? Peut-être qu'elle est en train d'inaugurer une ferme modèle, ou de faire une visite d'État en Australie ?

Il a raison. Un drapeau jaune, rouge et bleu, orné de plusieurs lions et d'une harpe, flotte au vent. J'ai lu dans un guide touristique que ça veut dire que la reine est au palais.

Il reste à espérer que c'est le bon drapeau, et pas un signal pour demander à la femme de ménage de passer l'aspirateur !

Soudain, un portail s'ouvre devant moi. Il doit être commandé à distance parce que je ne vois ni garde ni portier, juste une camionnette de livraison qui sort du château et s'engage dans la rue.

Sans réfléchir, par pur réflexe, je me faufile à l'intérieur de l'enceinte avant que le portail ne se referme. Tout est allé si vite que je n'ai pas eu le temps de penser aux conséquences. Personne n'a rien remarqué. Les vigiles doivent ronfler derrière leurs écrans de contrôle, ou alors ils sont en train de regarder un DVD, bien plus intéressant que les alentours d'une grille où il ne se passe jamais rien.

Un gigantesque parc s'étend jusqu'au palais. Je parcours quelques mètres sur l'allée en gravier, puis je me cache dans des rhododendrons pour réfléchir tranquillement à la suite des opérations. Jamais je n'aurais pensé arriver jusque-là ! Je suis en train de devenir le grand pro de l'entrée par effraction dans les châteaux et les palais ! Je pourrais peut-être écrire un guide en rentrant chez moi, *L'intrusion dans les châteaux anglais pour les nuls*, ça sonne plutôt bien, non ?

Là où j'en suis, trois options s'offrent à moi :

1) Je reste caché ici en attendant la tombée de la nuit qui me permettra, avec un peu de chance, de filer sans être vu.

Mérite réflexion.

2) Je me poste sous une caméra de surveillance en agitant les bras jusqu'à ce que des bonnets d'ours m'attrapent et me jettent aux pieds de la reine.

Et s'ils me jettent en prison, à la place ?

Option rejetée. Trop risqué.

3) Je traverse le parc en sautillant, dans l'espoir de tomber par hasard sur la souveraine.

Excellente idée. Proposition retenue !

Oui, oui, « en sautillant ». Vous avez bien lu.

Dans le sac en plastique que je traîne avec moi depuis le début de la journée, se trouve le camouflage parfait pour traverser incognito une pelouse fraîchement tondue : une tenue de grenouille !

Ma mère a insisté pour que je l'emporte. Comme toute comédienne qui se respecte, elle adore les costumes. Une sorte de déformation professionnelle. Et ce qu'elle aime par-dessus tout, c'est ME déguiser... Surtout en légume ou en batracien.

– Au cas où tu aurais une fête costumée sur place, tu seras paré, a-t-elle dit en mettant la combinaison vert pomme dans ma valise.

J'avais éclaté de rire.

Maintenant je ne ris plus du tout.

J'ai emporté ce déguisement en me disant qu'il pourrait peut-être me permettre de fausser compagnie au groupe, et à l'accompagnateur s'il lui prenait la lubie de nous obliger à visiter tous les musées de la ville : un petit tour aux toilettes pour le mettre, et je filerais à l'anglaise, incognito !

Si j'avais su qu'il allait peut-être me sauver la vie !

J'enfile le costume et je tente un premier petit saut prudent sur le gazon.

Ce sont plutôt les bonnets en poil d'ours qui me font peur, pas les cigognes géantes ! Heureusement, il n'y en a pas aux alentours. En fait, le parc est désert, à l'exception d'un jardinier qui taille une haie au loin. Il ne fait pas attention à moi, ce qui prouve bien que mon camouflage fonctionne à merveille.

Autre indice rassurant : en passant devant un étang, les vraies grenouilles se mettent à croasser, comme pour saluer un vieux copain.

Ragaillardi par ces premiers succès, je fais de grands bonds en direction d'un petit pavillon de jardin où trônent deux chaises et une table. Des petits gâteaux, tout juste sortis du four, attendent d'être dégustés pour le traditionnel thé de cinq heures. Je m'approche d'un bond : ils embaument la vanille et la cannelle. Ça change des relents de vinaigre de mes frites ! La tentation est irrésistible...

J'approche la main du plateau, mais soudain une meute de chiens fauve et blancs se jette sur moi en aboyant. Trois d'entre eux me sautent au visage et me débarbouillent avec leur langue baveuse, tandis qu'un quatrième plante ses crocs dans l'une de mes pattes vertes.

Je prends la plus grosse voix possible et j'ordonne :

– *Down ! Down ! Down ! Down !*

Mais même s'ils comprennent l'anglais, mes agresseurs ne m'obéissent absolument pas. Il faut dire que les sons qui sortent de ma bouche ressemblent plus au bruit d'une balle de tennis percutant des murs qu'à des ordres. Les quatre roquets se mettent à tirer chacun de leur côté sur mon costume, comme s'ils voulaient m'écarteler.

– Linnet ! Monty ! Willow ! Holly ! intime alors une voix pointue.

Aussitôt, Linnet, Monty, Willow et Holly lâchent prise et s'allongent sagement, en enfouissant le museau dans leurs pattes, comme pour se protéger de la foudre.

Je me retourne : une dame portant un foulard sur la tête traverse la pelouse dans ma direction. Je me dis qu'elle doit travailler dans les jardins de Buckingham, car elle tient un panier de fleurs fraîchement coupées. Des roses ou des tulipes, je ne sais pas.

Certains ont du mal avec l'orthographe, eh bien moi, mon problème, c'est les fleurs. Je ne suis jamais capable de les différencier. C'est pour ça qu'on a rompu, Léna et moi... Mais je vous raconterai ça une autre fois.

La dame a l'air d'avoir au moins soixante-dix ans. Ça fait mal au cœur de voir des gens obligés de travailler encore à cet âge-là. Dans les magazines que dévore ma mère, on peut lire que la reine paie son personnel une misère. Je suis sûr que cette pauvre vieille n'a même pas de quoi payer son loyer...

La dame me sourit aimablement. Elle me dit une phrase en anglais que je ne comprends pas.

– Est-ce que, par hasard, vous parleriez une autre langue ?

Ça simplifierait les choses !

– Je peux essayer, me répond-elle, presque sans accent. Que fais-tu ici ? Tu cherches des mouches géantes ? ajoute-t-elle en désignant mon costume.

Elle me plaît bien ; malgré toutes ses difficultés, elle n'a pas perdu le sens de l'humour.

– Vous connaissez la reine ?

– Un peu, répond-elle, évasive.

– Elle ne vous traite pas trop mal ? Elle ne vous bat pas, au moins ?

Elle me répond d'un haussement d'épaules qui veut sûrement dire : « Ça pourrait être pire ! »

– Ça ne doit pas être facile tous les jours, dis-je dans un soupir compatissant.

Elle s'avance vers le kiosque, s'installe à la table, se verse une tasse de thé, puis me fait signe de m'asseoir en face d'elle.

Son invitation me met mal à l'aise. Et si un bonnet d'ours passait par là ? Ou pire, si la reine en personne nous prenait en flagrant délit ? Les conséquences seraient sans doute terribles pour elle... Mais bizarrement, ça n'a pas l'air de l'inquiéter. Elle attrape un gâteau au parfum délicieux et le goûte.

– Sers-toi, ils sont extra ! lance-t-elle en me tendant le plateau.

Je ne peux pas résister et, franchement, je ne le regrette pas : ces petites merveilles sont ce que j'ai mangé de meilleur depuis deux semaines. Tant pis si on risque gros, j'en prends encore deux...

– Pourriez-vous lui remettre quelque chose de ma part ? dis-je la bouche pleine.

– À qui ?

– Ben, à la reine !

Je sors les deux enveloppes de ma poche.

– J'ai deux lettres pour elle : la première m'a été confiée par un de ses anciens amoureux et l'autre est une sorte de réclamation.

– Laquelle des deux est la lettre d'amour ?

Elle hume les enveloppes et sourit :

– Celle qui sent l'eau de Cologne, je parie !

Et avant que j'aie le temps de réagir, elle l'ouvre.

– NON ! Ne faites pas ça ! C'est pour la reine en personne !

Trop tard, elle a déjà commencé à lire... Son visage s'illumine, et elle paraît si heureuse que je n'ai pas le cœur de lui arracher la feuille des mains.

– Ce cher Rod..., soupire-t-elle au bout de quelques instants.

On dirait bien qu'elle a les larmes aux yeux.

Je n'aurais jamais dû lui donner cette lettre. J'avais promis à Rodolphe Schmitz de la remettre en mains propres à la reine, il va être furax, c'est sûr. Et la reine aussi, c'est archi-sûr. Et la servante va être renvoyée, c'est archi-méga-sûr. Elle ne pourra plus payer son loyer, se retrouvera à la rue et devra faire la manche pour survivre. Et qui sera le responsable de ce désastre ?

Moi...

– Ah, Rod..., murmure la future SDF en laissant tomber la lettre.

– Comment ?

– Rod est le surnom que la reine avait donné à Rodolphe Schmitz, lorsqu'ils se sont rencontrés en Australie. Rod était l'amour de sa vie, mais sa famille s'était opposée à leur union, explique-t-elle en poussant un grand soupir.

Ça alors, c'était donc vrai... J'avoue, j'avais des doutes... La romance entre Rodolphe Schmitz et la reine m'avait paru trop belle pour être vraie. Mais cette fois, c'est sûr : leur histoire a bel et bien existé ! Il faudra que je présente des excuses à M. Schmitz.

À condition que je rentre un jour chez moi... Je n'ai pas encore réfléchi à comment j'allais sortir d'ici, et notre car quitte Londres dans une demi-heure. Il faut à tout prix que je trouve une solution ! Et vite...

Pendant que je me creuse les méninges, la servante sort un stylo plume en or de sa poche et griffonne quelques mots sur une feuille qu'elle plie et scelle, grâce à une goutte de cire prélevée dans le réchaud de la théière. Puis elle enfonce sa chevalière dans la cire encore chaude et la retire, laissant apparaître des armoiries : des lions et une harpe.

– Remets cette missive à ton ami lorsque tu le verras, ordonne-t-elle en me tendant la lettre que je glisse aussitôt dans ma poche.

Notre conversation est interrompue par les cris de deux gardes, manifestement très énervés, qui se dirigent à grandes enjambées dans notre direction.

Ça devait mal tourner, c'était sûr et certain...

Je me lève d'un bond, mais la dame me fait signe de me rasseoir. Elle a raison, les deux hommes sont armés, toute tentative de fuite serait suicidaire. Je tente d'adopter l'attitude décontractée d'une grenouille géante à la recherche d'un étang, et qui se serait égarée malencontreusement dans un kiosque.

En quelques secondes, les gardes sont face à nous : ils me mettent en joue, et beuglent un ordre que, pour changer, je ne comprends pas. Plutôt que d'être victime d'une tragique erreur de traduction, je lève mes pattes en l'air pour leur montrer que je ne suis pas armé. La vieille dame se met alors à leur parler. Elle semble convaincante, car ils abaissent aussitôt leur fusil et lui répondent : « *Yes, your Majesty.* »

Oups...

Effectivement, la vieille dame ressemble beaucoup aux portraits accrochés dans le salon de Margaret et Harvey...

Comment j'ai pu ne pas m'en apercevoir plus tôt ?

Trois options pour tenter de sortir vivant de cette fâcheuse posture :

1) Je me jette à plat ventre aux pieds de la souveraine, et je recule en rampant jusqu'au portail pour disparaître le plus vite possible.

2) Je me retourne et je prends mes jambes à mon cou, et tant pis si les gardes me tirent dessus.

3) Je présente une demande en grâce à la reine et lui offre d'expier ma faute en passant le restant de mes jours dans un étang du parc, vêtu de mon costume de grenouille.

La troisième option semble la meilleure. À moins que je choisisse l'option numéro deux ? Au moins, ce sera plus expéditif...

– Mes gardes vont vous raccompagner tous les deux, annonce alors la reine en interrompant ma réflexion.

Je la fixe bouche bée, puis je murmure :

– Comment ça, tous les deux ?

– Eh bien, Rod me parlait souvent de son mystérieux compagnon invisible, et comme vous paraissez très proches, je me dis que tu es peut-être accompagné, toi aussi...

Et elle me lance un clin d'œil complice.

– J'ai été enchantée de faire ta connaissance. N'oublie surtout pas le mot que je t'ai confié, termine-t-elle avec un sourire.

Puis elle se retourne vers ses chiens, qui sont toujours couchés. À son signal, ils bondissent sur ses genoux et se laissent cajoler avec délice.

Ayant vécu une très mauvaise expérience en m'inclinant un jour devant le père de Léna, je renonce à la révérence, me contentant d'un petit signe de la main aussi décontracté que possible, puis j'emboîte le pas aux deux soldats qui me conduisent jusqu'à un portillon donnant sur la rue.

J'arrive tout essoufflé à notre point de rendez-vous. Le chauffeur, exaspéré, klaxonne comme un fou. Il n'attendait que moi pour partir. Même Opti est là, assise tout au fond, à côté de Léna. Elles sont en grande conversation et éclatent de rire en me voyant grimper dans le car, vêtu de mon costume vert.

Je m'assieds au premier rang. Et tant pis si tout le monde se moque de moi et me traite de crapaud !

Les pauvres ignorants ne savent pas qui je suis.

Je suis une grenouille qui vient de prendre le thé avec la reine d'Angleterre !

Vous en connaissez beaucoup, vous, des grenouilles qui peuvent dire ça ?

11

BYE, BYE, L'ANGLETERRE !

Le lendemain, Margaret et Harvey ne nous accompagnent pas au car pour nous dire au revoir car ils regardent une compétition de golf à la télé ! Margaret insiste quand même pour nous donner des provisions : deux boîtes de conserve dont elle a décollé l'étiquette. Comme si on ne savait pas que c'était de la pâtée pour chats !

Alex et Justin, qui étaient arrivés avec une seule valise pour deux, repartent avec trois ! Ils ne me l'ont pas avoué, mais je suis sûr que leur butin est caché dans les deux valises supplémentaires.

Ils ne m'adressent plus la parole depuis que j'ai oublié de leur rapporter des élastiques de Londres ; ils me tiennent pour responsable de l'échec de leur expérience saute-mouton.

Heureusement qu'Alex et Justin n'ont pas eu la même idée : ils m'auraient jeté en pâture aux moutons ! Surtout que je ne peux plus compter sur la protection de ma sœur, qui préfère s'occuper de la paix dans le monde plutôt que de la sécurité de son frère.

Elle a passé la nuit à méditer dans le bus et affiche en permanence un sourire béat. Elle est si paisible que même un moine bouddhiste paraîtrait agressif comparé à elle !

Notre départ est aussi pluvieux et glacial que notre arrivée : aucune de nos « familles » ne s'est déplacée ! Au moment où je range ma valise dans le coffre, une calèche se gare à côté du car. Nestor est assis à l'avant, à la place du cocher, sous la pluie ; Léna et le jeune lord sont assis à l'arrière, sous la capote. Charles veut-il une fois de plus nous épater, ou bien la Rolls-Royce est-elle encore en réparation ? Difficile à dire.

Je n'ai pas eu l'occasion de parler à Léna depuis hier soir, car le chauffeur du car l'a déposée directement au château. Le lord l'aide à descendre de la calèche, elle lève la tête, m'aperçoit et... me sourit !

L'éléphant installé sur ma poitrine se lève, et je peux enfin respirer normalement.

Elle n'est pas fâchée !

Pourquoi le serait-elle d'ailleurs ? Elle sait maintenant que je ne mentais pas : l'illuminée de Hyde Park, c'était bien ma sœur ! Tout est arrangé ; du coup, mon moral est au beau fixe.

Je me penche vers Nestor qui porte la valise de Léna et lui souffle à l'oreille :

– Tenez bon, mon vieux, bientôt, la liberté !

Si ça se trouve, ce n'est plus qu'une question d'heures avant que la reine, éclairée par ma lettre, intervienne et ordonne l'arrestation de Charles !

Mais, soit Nestor n'a pas compris ce que je viens de lui dire, soit il m'en veut d'avoir cassé la Rolls-Royce, parce que maintenant il est trempé comme une soupe chaque fois qu'il conduit son maître quelque part.

Tant pis, rien ne pourra atteindre ma bonne humeur, pas même l'ingratitude d'un majordome aigri !

Trois bonnes raisons qui expliquent que j'ai le sourire :

1) Léna m'a souri.

2) L'arrestation de Charles est imminente.

3) On rentre à la maison. Adieu les frites au vinaigre et la pâtée pour chats !

Dans le car, Opti a rassemblé un petit groupe autour d'elle. Assise en tailleur sur son fauteuil, elle parle de paix, d'amour, de liberté, d'amitié, etc., etc. Quand je passe près d'elle, elle me sourit et me fait le signe de la paix en levant deux doigts.

Alex et Justin ont colonisé le dernier rang. Le regard qu'ils me jettent est très clair : ils ne veulent pas que je m'asseye avec eux. Ils ont compris qu'Opti ne ferait pas de mal à une mouche. Des heures difficiles m'attendent au retour, je le sens...

Je m'assieds à une rangée libre, en espérant que Léna ne passera pas à côté de moi sans s'arrêter.

Elle ne passe pas à côté de moi sans s'arrêter.

Elle s'assied à côté de moi !

Et pourtant, il reste de nombreuses places libres...

Dehors, Charles agite la main. Quand le chauffeur démarre, il se met à courir à côté du car et ne lâche prise qu'au bout de cinq kilomètres.

« Ça va, le grand sportif, on a vu que tu savais courir... ! »

– Je l'aime bien, déclare Léna, alors que le lord n'est plus qu'un petit point au loin.

– En fait, je l'aime même beaucoup, précise-t-elle.

– Qui ? Charles ?

– Mais non, la chanson que tu as écrite ! Celle qui raconte notre histoire.

C'est le moment de réagir et de lui dire quelque chose de tendre, mais rien à faire. Je voudrais rentrer sous terre et j'ai une boule dans la gorge qui m'empêche de parler, comme si j'avais avalé d'un seul coup un sachet entier d'élastiques.

– Ta chanson est bien plus belle que toutes celles de Charles, continue Léna. Tu sais qui les écrit, en fait ? Son majordome !

Tiens donc !

J'avoue, ce n'est pas bien de dire du mal de ses rivaux, mais c'est trop tentant. Pendant le trajet, je raconte à Léna dans les moindres détails pourquoi je soupçonne Charles d'arnaque à l'assurance, et pourquoi j'ai écrit à la reine pour le dénoncer.

– C'est évident qu'il est coupable ! Il n'y a aucune autre explication logique à la disparition du chapeau de l'amiral Nelson.

Léna tourne la tête en silence et lance un regard lourd de sous-entendus à Alex et à Justin, très occupés à préparer les boulettes de papier dont ils ne vont pas tarder à bombarder les passagers du car.

– Ils n'y sont pour rien, dis-je en réponse à son interrogation muette.

– Hum, tu m'as déjà dit que tu avais des soupçons... Tu as des preuves, maintenant ?

Une grande ride verticale, qui ne me plaît pas du tout, s'est formée entre ses yeux. Elle ne me croit pas, il faut que je trouve des arguments plus solides.

– Bien sûr que j'en ai, des preuves !

– Lesquelles ?

Tant pis, je mens :

– J'ai rassemblé des documents, des empreintes, des photos, et plein d'autres trucs !

– C'est vrai ? Montre !

À mon grand soulagement, le pli est en train de s'effacer sur son visage.

– Tout est dans l'enveloppe que j'ai donnée à la reine. Elle en aura besoin pour le faire arrêter.

Aïe, la ride s'est reformée sur son front...

– Tu as vraiment rencontré la reine? demande-t-elle.

Là, au moins, j'ai une preuve irréfutable! Je sors de ma poche le message pour Rodolphe Schmitz.

– Regarde, il y a son sceau ici, dis-je en montrant les armoiries royales. Elle m'a invité à prendre le thé et à manger des petits gâteaux.

– Qu'est-ce qu'elle a écrit sur cette lettre?

– Je ne sais pas, des mots d'amour, peut-être...

Oh là là! le pli entre les yeux de Léna est revenu, aussi profond que le Grand Canyon!

Vite, dissiper le malentendu:

– La lettre n'est pas pour moi. Je ne suis que le messager, je dois la donner à l'un de mes vieux amis.

– C'est trop romantique! soupire Léna.

Ouf. Cette fois, son front est parfaitement lisse.

On ne se parle pas beaucoup pendant le reste du trajet. Ce n'est pas un silence pesant entre deux personnes qui ne savent pas quoi se dire, mais une pause agréable, partagée par deux âmes à l'unisson... Un peu plus tard, Léna s'endort. Sa tête bascule sur mon épaule, sensation délicieuse, même pas gâchée par les boules de papier qui percutent ma nuque toutes les deux minutes !

Bientôt, on embarque sur le ferry. Léna ne se réveille pas lorsqu'il lève l'ancre. Je la couvre de mon blouson et je descends du car. À l'aller, j'avais dormi pendant toute la traversée, cette fois, je ne veux rien rater.

Pour rejoindre le pont, il faut emprunter un couloir étroit et grimper un escalier en acier très raide, ce qui n'est pas simple car la mer est agitée. Je dois m'agripper des deux mains à la rampe pour ne pas dégringoler. Dès que je mets le pied dehors, je m'aperçois que les vagues sont gigantesques. Le navire penche comme une balançoire, un coup à droite, un coup à gauche... À droite, à gauche ... À droite, à gauche...

Je crois que j'ai le mal de mer.

Opti n'est pas au mieux de sa forme, non plus. Elle est penchée au-dessus du bastingage et a l'air vraiment mal en point. Je ne peux pas voir la couleur de sa peau, car ses longs cheveux roux cachent son visage, mais je parie qu'elle est verte. Pas comme une pelouse au printemps, mais plutôt comme de la moisissure fraîche. J'avance jusqu'à elle difficilement, car le pont n'arrête pas de tanguer.

Je lui lance, de la voix ferme d'un gars qui aurait le pied marin :

– Paix et amour, Opti ! Tout va bien ?

Elle lève la tête et me contemple comme si j'étais le dernier des crétins. J'ai l'habitude, Léna aussi me regarde comme ça parfois. Comme ses mèches volent au vent, je constate que je me suis trompé : la couleur de sa peau ne ressemble pas à de la moisissure fraîche, mais plutôt à de la moisissure vieille de plusieurs jours, comme celle qui recouvre les flans que nous vend le pion à la récré.

– Laisse tomber ces niaiseries de paix et d'amour ! siffle-t-elle, furieuse. Et ne m'appelle plus jamais Opti. Mon nom, c'est Anti, un point, c'est tout.

– Mais... Mais je croyais que la vie était belle et que la paix dans le monde, c'était bien ! C'est toi-même qui me l'as dit !

– C'était du blabla, tout ça, réplique-t-elle en titubant jusqu'à l'escalier qui mène aux garages.

– Où tu vas ?

– Me changer ! répond-elle sans se retourner. Ces satanées couleurs vont finir par me faire vomir !

Le pont est désert. La plupart des passagers se sont réfugiés à l'intérieur. Drôle d'idée, à mon avis. En cas de naufrage, il vaut mieux être dehors, on gagne du temps. Dans les films catastrophe, les passagers mettent toujours des heures à rejoindre le pont.

Alex et Justin l'ont bien compris. Ils sont de l'autre côté et nourrissent les mouettes. Je vais discuter avec eux, ça me changera les idées. Je n'en peux plus d'être obsédé par l'idée que le ferry va couler si la tempête ne se calme pas ! Ça bouge tellement qu'il est presque impossible de garder son équilibre. Je zigzague jusqu'à eux comme si j'étais ivre.

– Salut, les gars ! Qu'est-ce que vous faites ?

– T'as besoin de lunettes ? On donne à manger aux mouettes ! répond Justin.

– Vous leur donnez quoi ?

– Des joints en caoutchouc !

– Où vous les avez trouvés ?

Il faut à tout prix que je maintienne la conversation, ça m'évite de penser.

– Dans les garages. Et maintenant, dégage. On est occupés, ça se voit pas ?

Depuis que ma sœur est plongée dans son délire hippie, Alex et Justin n'arrêtent pas de me parler mal. Il est grand temps que je les tienne au courant du dernier scoop. Je suis sûr qu'ils seront plus aimables ensuite !

– Au fait, vous savez qu'Opti est morte ?

D'effroi, ils laissent tomber leurs provisions, sur lesquelles se précipitent en criant une demi-douzaine de mouettes affamées.

– Eh oui, Anti est ressuscitée. Elle est en train d'enfiler des vêtements noirs, en ce moment même.

Pendant quelques instants, on n'entend plus que le hurlement du vent et le grondement de la mer.

– On se gèle sur ce rafiot, les mecs. Je vais me chercher de quoi me réchauffer les oreilles. Tu veux que je te rapporte un bonnet ? me propose Alex en souriant.

– N'hésite pas, ce sera avec plaisir, ajoute Justin.

– Pas la peine, non, mais merci de l'avoir proposé ! dis-je avec un geste magnanime, d'une main, car l'autre me sert à m'accrocher au bastingage.

Ils ouvrent la porte qui mène à l'escalier et tombent nez à nez avec Léna qui, depuis qu'elle est réveillée, me cherche partout.

C'est bon signe, non ?

Dès qu'elle m'aperçoit, elle me fait un grand signe auquel je réponds aussitôt... en agitant LES mains. Erreur fatale. Une vague énorme me frappe de plein fouet et me fait basculer en avant. Je glisse à plat ventre sur le pont comme si j'étais sur une planche de surf et je termine ma course aux pieds de Léna.

– Je t'ai manqué tant que ça ? s'écrie-t-elle en riant.

Un frisson secoue ses épaules ; ses avant-bras sont recouverts de chair de poule. Il fait vraiment un froid de canard ici. Surtout quand on est mouillé jusqu'aux os à cause d'une stupide vague...

– Tu n'as pas froid ? demande-t-elle en me jetant un regard inquiet.

– Moi ? Non !

Je ne peux tout de même pas lui avouer que je suis aussi gelé qu'un esquimau à la menthe !

J'ai une meilleure idée... Je prends mon courage à deux mains et je l'enlace, puis je retiens mon souffle : elle va donner un grand coup d'épaule pour éjecter mon bras, c'est sûr...

Non ?

Non ! Elle ne bouge pas d'un pouce et soudain je n'ai plus froid du tout ! Bien au contraire, malgré mes vêtements trempés, j'ai les joues en feu.

On contemple en silence les vagues de plus en plus hautes. On ne va pas pouvoir rester là très longtemps, il faut absolument que je lui pose une question avant de quitter le pont :

– Est-ce qu'on sort à nouveau ensemble ?

– Idiot ! réplique-t-elle avec un grand sourire.

Son appareil dentaire resplendit dans les embruns.

– Tu crois que je te laisserais me prendre dans tes bras, sinon ? Quand Charles a essayé, tout le village m'a entendue crier de rage !

– Pauvre petit lord, dis-je.

Évidemment, je n'en pense pas un mot.

– Ce n'est qu'un snob ! pouffe-t-elle. Mais il est mignon, tu ne trouves pas ? J'espère que les juges ne seront pas trop sévères avec lui.

– J'espère aussi...

Au cas où vous ne l'auriez pas compris : je n'en pense pas un mot non plus !

Et non, je ne trouve pas du tout qu'il est mignon : il est moche comme un pou, oui !

Je garde cette réflexion pour moi car je ne veux surtout pas gâcher cet instant : je tiens tout de même Léna dans mes bras, là !

C'est le moment ou jamais de lui faire oublier le fiasco du baiser à la fête de l'école. Mais le bateau tangue tellement que j'ai peur de rater sa bouche... Mieux vaut attendre que la vague soit passée pour faire une tentative... Une nouvelle déferlante nous fouette le visage et se retire aussitôt ; je me penche vers Léna mais, avant que j'aie eu le temps de l'embrasser, la porte s'ouvre.

Alex et Justin sont de retour. Justin porte un bonnet en poil d'ours (où et comment l'a-t-il volé ?) et Alex est coiffé... du chapeau de l'amiral Nelson !

Ce n'est pas moi qui m'en aperçois le premier, c'est Léna. Elle repousse mon bras et tend l'index vers Alex.

– Là ! Le chapeau de l'amiral Nelson ! hurle-t-elle, hystérique.

Elle se retourne vers moi, des mitraillettes dans les yeux.

– Tu parles que tu avais des preuves ! Tu voulais enfoncer ce pauvre Charles, oui ! C'est trop injuste : à cause de toi, il va aller en prison alors qu'il est innocent !

T'es minable, Arthur, je ne veux plus jamais te revoir !

Une étrange sensation de déjà-vu m'envahit.

Elle se lève, bouscule Alex et Justin, et disparaît dans l'escalier en sanglotant.

– Qu'est-ce qui lui prend ? demande Alex, ahuri.

– Elle a un grain, ta copine ! ajoute Justin.

Je crie, fou de rage :

– Pourquoi ce fichu chapeau n'était-il pas dans votre butin chez Margaret et Harvey ?

– On te l'a dit, mec, on t'a juste montré les trucs les mieux, pas les bricoles !

– Tu vas quand même pas nous dire que ce vieux truc moisi a de la valeur ?

C'est peine perdue. Évidemment, ils ne peuvent pas comprendre ma colère. Ils n'ont jamais entendu parler de l'amiral Horatio Nelson. Ils ne savent pas non plus ce que c'est que d'avoir le cœur brisé...

D'un coup, une nouvelle lame déferle sur le pont, frappe le crâne d'Alex et emporte le chapeau de l'amiral. Médusé, je le regarde tomber à l'eau.

Pas le choix : j'ai besoin de ce chapeau pour disculper Charles. Si je ne lave pas son honneur, Léna ne me le pardonnera jamais et notre amour n'aura pas de troisième chance. En admettant qu'il en ait encore une, de chance...

Au moment où je saute, quelqu'un crie :

– Un enfant à la mer !

Il aurait pu dire « Un homme à la mer », quand même.

Heureusement je suis un bon nageur, un très bon même. Je parviens sans trop de mal à attraper le chapeau qui dérive sur l'eau, je coince le rebord entre mes dents, histoire de pouvoir utiliser mes deux bras pour nager jusqu'au canot de sauvetage que les marins ont mis à l'eau, spécialement pour moi. Je me hisse dedans en puisant dans mes dernières forces. Le ferry est déjà loin. Pas facile de freiner l'allure pour des mastodontes de cette taille.

Et nous voilà rendus aux premières pages de ce livre ! Maintenant vous savez comment j'ai atterri dans ce canot. Pendant que je vous racontais cette histoire, le ferry a réussi à faire demi-tour. Dans quelques instants, l'équipage va me récupérer. Il est temps : le canot est troué, et j'ai de l'eau presque jusqu'aux genoux.

Quand j'aurai enfin regagné la terre ferme, je vais écrire une nouvelle lettre à la reine d'Angleterre, que je glisserai dans le paquet avec le chapeau de l'amiral Nelson. Comme ça, elle saura qu'elle peut libérer lord Charles, comte de Sherwood-Wellington, duc des Indes méridionales et septentrionales et des îles de Nocash. À condition qu'elle ne l'ait pas déjà fait exécuter, bien sûr. Pas de panique, autant que je le sache, l'escroquerie à l'assurance n'est pas punie de la peine de mort en Angleterre. Les Britanniques réservent ce châtiment suprême aux vrais criminels, ceux qui doublent dans une file d'attente ou boivent le thé à quatre heures au lieu de cinq.

À propos de lettre, j'ai toujours celle de la reine dans ma poche. Je la sors : Oh non ! le cachet a été arraché par les vagues. Je déplie la feuille avec précaution... L'encre est complètement délavée, le message est illisible. Si Rodolphe Schmitz l'apprend, il va m'arracher la tête avec sa canne... Et si jamais j'en réchappe, il faudra de toute façon que j'affronte la colère de mes parents, quand ils s'apercevront que le seul mot d'anglais que j'ai appris en deux semaines, c'est *down* !

Et Léna ? Pas sûr qu'elle accepte un jour de m'adresser de nouveau la parole. Et franchement, je n'ai pas grand-chose à dire pour ma défense.

Si Coolman me donne un coup de main pour écoper, et que je rame aussi vite que le jour de la régate, je parviendrai peut-être à disparaître loin, très loin d'ici, là où personne ne me connaîtra...

Il n'en fallait pas plus pour me convaincre. Je saisis le chapeau entre les dents et j'attrape l'échelle de corde qu'on vient de me lancer pour remonter à bord. Je grimpe lentement, un pied après l'autre, car la mer démontée ne me facilite pas la tâche.

Quoi qu'il se passe la semaine prochaine, ça ne pourra pas être pire que de passer le reste de ma vie en tête à tête avec Coolman sur une île déserte.

Ça, j'en suis sûr.

C'était super, ces vacances!
Tu parles, un désastre!
12. Perspectives royales
Qu'est-ce que tu as trouvé de si super?
Tout! Bon, d'accord, ça aurait pu être encore mieux.
Ah oui, et comment?
On aurait pu ramer jusqu'à l'île déserte.
Pour que je sois ton Vendredi?
Vendredi, Samedi ou Dimanche... Peu importe, ça aurait été le bonheur d'être seuls, tous les deux!
Oublie!

Si tu avais été un peu plus gentil avec Charles...
... il nous aurait peut-être adoptés!
On aurait été riches! Mais non, Môssieur a fait son égoïste.
Je ne suis pas égoïste!
Léna! Léna! Léna! Tu n'avais que ce nom-là à la bouche!
Tu aurais mieux fait d'embrasser la reine. Tu serais devenu prince.
Enfin, Coolman, elle a plus de quatre-vingts ans!

Raison de plus, tu aurais hérité de la couronne!
Moi, j'aurais été un superhéros royal, c'est sûr.
Et puis Léna t'aurait trouvé trop mignon avec ta couronne...
Mais non, il fallait à tout prix qu'on rentre! Quel rabat-joie tu fais, parfois.
Pff, tu es dur, là...
Mais ne t'inquiète pas, on va continuer à bien s'amuser, toi et moi.
C'est une menace?
Non, une promesse!

On reprend depuis le début ?

Regardez bien la couverture de ce livre. Au centre de l'image, deux zigotos filent à toute allure à bord d'une grosse poubelle munie de roulettes en caoutchouc. Vous les voyez ? Très bien.

L'engin est plein à ras bord d'emballages vides, très sales. Vous y êtes ? Vous la sentez, l'odeur ? Parfait. Eh bien le garçon enterré jusqu'au cou dans ce tas d'ordures, c'est moi, Arthur. Et le drôle de type à côté de moi, avec sa cape et son masque ridicule, c'est Coolman, le superhéros qui m'accompagne depuis mes quatre ans. Et normalement, je suis le seul à le voir !

Mise en pages :
DV Arts Graphiques à La Rochelle